Richard Pischel
Leben und Lehre des Buddha

Sarastro Verlag

Richard Pischel

Leben und Lehre des Buddha

1. Auflage 2012 | ISBN: 978-3-86471-233-3

Erscheinungsort: Paderborn, Deutschland

Sarastro GmbH, Paderborn. Alle Rechte beim Verlag.

Nachdruck des Originals von 1906.

Richard Pischel

Leben und Lehre des Buddha

Sarastro Verlag

Aus Natur und Geisteswelt
Sammlung wissenschaftlich-gemeinverständlicher Darstellungen
========= 109. Bändchen =========

Leben und Lehre des Buddha

Von

Richard Pischel

Mit einer Tafel

Druck und Verlag von B. G. Teubner in Leipzig 1906

Alle Rechte, einschließlich des Übersetzungsrechts, vorbehalten.

Benno Erdmann

in herzlicher Freundschaft gewidmet

Vorwort.

Der Aufforderung des Herrn Verlegers, ihm für die Sammlung „Aus Natur und Geisteswelt" ein Bändchen über „Leben und Lehre des Buddha" zu schreiben, bin ich erst nach längerem Bedenken gefolgt. An Werken über den Buddhismus, die für weitere Kreise bestimmt sind, ist ja kein Mangel. Alle aber, auch das hochstilisierte Buch von Oldenberg, leiden meiner Überzeugung nach an dem Fehler, daß sie den Charakter des Buddhismus als einer Religion nicht scharf genug hervorheben und dem indischen Geiste, der aus ihm spricht, zu wenig Rechnung tragen. Je weiter wir in der Erforschung Zentralasiens vorschreiten, um so mehr stellt sich heraus, daß der Buddhismus für einen großen Teil des Orients nicht weniger ein Kulturträger gewesen ist als das Christentum für den Occident. Steigt der Buddhismus als Religion immer höher im Werte, so sinkt er als Philosophie immer tiefer. Mit Garbe und Jacobi bin ich überzeugt, daß Buddha als Philosoph ganz von Kapila und Patañjali abhängig ist. In diesem Sinne habe ich, im Gegensatz zu Oldenberg, versucht, Buddhas Lehre zu zergliedern. Dabei mußten mehr technische Ausdrücke beibehalten werden, als mir im Interesse der Leser lieb war. Es ließ sich aber nicht vermeiden. Die technische, formelhafte Sprache der buddhistischen Schriften ist augenblicklich noch sehr schwer zu verstehen, da erst ein ganz geringer Teil der Kommentatorenliteratur herausgegeben ist. Über die Wiedergabe vieler wichtiger Begriffe ist unter den Forschern noch keine Einigung erzielt. Seit sich in Turkestan Bruchstücke des für verloren gehaltenen Sanskritkanons gefunden haben, ist ferner die Überlieferung der nördlichen Buddhisten in ein ganz neues Licht gerückt worden. Sie kann bei einer Darstellung der Lehre Buddhas fortan nicht mehr außer Acht gelassen werden.

Der Umfang dieses Bändchens war vorgeschrieben. Deswegen mußte ich mich in den Abschnitten IV und besonders V größerer Kürze befleißigen als sonst geschehen wäre, überhaupt mich knapp fassen und vieles übergehen und noch nachträglich streichen. Wesentliches wird aber nicht fehlen. Es ließ sich nicht vermeiden, daß ich viele Beispiele wählte, die bereits meine Vorgänger haben. Alle Übersetzungen habe ich aber an der Hand der Texte in Pali, Sanskrit und Gāthā-Dialekt geprüft und oft geändert. Auch dem Fachmann dürfte so das Bändchen trotz seiner bescheidenen Form manches Neue bringen.

Berlin-Halensee, den 14. Oktober 1905.

R. Pischel.

Inhaltsübersicht.

		Seite
I.	Einleitung	1
II.	Das nordöstliche Indien zur Zeit des Buddha	10
III.	Das Leben des Buddha	15
IV.	Buddhas Stellung zu Staat und Kirche	47
V.	Buddhas Lehrweise	55
VI.	Die Lehre des Buddha	62
VII.	Die Gemeinde und der Kultus	100
	Literatur	125

In indischen Worten sind auszusprechen: c wie tsch, ch wie tschh, j wie dsch, jh wie dschh, ṅ wie n in französisch mon, ṛ wie r in Bäcker, v wie deutsches w, ś wie sch mit gesenkter, ṣ wie sch mit gehobener Zungenspitze.

I. Einleitung.

Seit dem letzten Viertel des vorigen Jahrhunderts ist ein Name in dem Munde aller Gebildeten, der vorher nicht weit über den engen Kreis der indischen Philologen und der Religionsforscher hinaus bekannt war, der Name des Mannes, den wir gewohnt sind mit seinem kirchlichen Namen Buddha zu nennen. Als Buddha nach langem Sträuben den dringenden Bitten seiner Tante und Stiefmutter Mahāprajāpatī nachgegeben und Frauen in den Orden aufgenommen hatte, prophezeite er, daß seine Lehre, die sonst tausend Jahre gedauert haben würde, jetzt nur fünfhundert Jahre bestehen würde. Buddha ist ein schlechter Prophet gewesen; seine Prophezeiung hat sich nicht erfüllt. Im Gegenteil, die religiöse Bewegung, die ein halbes Jahrtausend vor Christus im Osten von Indien entstanden ist, erwacht im zweiten Jahrtausend nach Christus zu neuem Leben, ja, es könnte fast scheinen, als ob der Buddha einen zweiten Triumphzug antreten solle, und zwar diesmal nicht bloß durch die östliche, sondern auch durch die westliche Welt.

Seit mindestens dem siebenten Jahrhundert nach Christus war der Buddhismus in Indien in dauerndem Verfalle, um schließlich in seiner Heimat völlig unterzugehen. Er hielt sich nur in Ceylon, Hinterindien, Japan, Tibet und den Nachbarländern, z. T. auch in China und dem Indischen Archipel. Jetzt ist eine starke Bewegung im Gange, dem Buddhismus wieder Eingang in seine alte Heimat zu verschaffen. 1891 wurde in Colombo auf Ceylon die Mahābodhi Society gegründet, die den Zweck verfolgt, den Buddhismus zu verbreiten. Sie richtete ihr Augenmerk zunächst auf Indien. Die Buddhisten rechnen die Laufbahn ihres Meisters von dem Tage an, wo er unter dem Feigenbaume in Gaya im östlichen Indien die „Erleuchtung" bodhi oder die „große Erleuchtung" mahābodhi erlangte. Dort in Gaya war ein Tempel erbaut worden, zu dem noch im siebenten Jahrhundert nach Christus fromme Buddhisten bis aus China pilgerten. Im vierzehnten Jahrhundert wurde er von den Muhammedanern zerstört und er lag verödet, bis im vorigen Jahrhundert ein Hindu von ihm Besitz ergriff. 1874 begann der König von Birma ihn wiederherzustellen, da noch immer fromme Buddhisten, namentlich aus Birma, zu ihm wallfahrteten. Nach dem Tode des Königs führte die englische Regierung den Wiederaufbau fort, und die Mahābodhi Society gewann auf dem Wege des Prozesses das Recht, Prozessionen nach dem Tempel zu veranstalten. Sie errichtete dort ein Haus für Pilger, verlegte ihr Hauptquartier nach Kalkutta, gab eine monatlich erscheinende Zeitschrift in englischer Sprache heraus und gründete Zweiggesellschaften im nördlichen und südlichen Indien, in Birma und Chicago. Auch in England hat sie Vertreter.

Unabhängig von ihr hat sich 1903 eine zweite Gesellschaft in Rangoon in Birma gebildet, die sich **Buddhasāsana Samāgama**, „Gesellschaft der Lehre des Buddha" oder „**International Buddhist Society**" nennt. Sie will die Lehre Buddhas allgemeiner bekannt machen und das Studium des Pāli fördern, der Sprache, in der der Kanon der südlichen Buddhisten geschrieben ist. An ihrer Spitze steht ein zum Buddhismus übergetretener Schotte; sie hat Mitglieder und Vertreter auch in England, Deutschland und Amerika und gibt eine Zeitschrift „Buddhism" heraus, die reich illustriert ist. Die Gesellschaft beabsichtigt, in Rangoon eine buddhistische Bibliothek und eine Missionarschule zu gründen, aus der nach zehn Jahren Missionare nach allen Teilen der Welt geschickt werden sollen.

In Ceylon, dem Hauptsitze des südlichen Buddhismus, sind mit Hilfe von amerikanischem Gelde Schulen für Knaben und Mädchen und Seminare für buddhistische Geistliche errichtet worden. Ausgezeichnete, einheimische Gelehrte verfolgen die Fortschritte der Wissenschaft mit Aufmerksamkeit und gehen den europäischen Gelehrten bereitwillig fördernd an die Hand. Eine englisch geschriebene Zeitschrift „The Buddhist" sucht auf weitere Kreise auch außerhalb Ceylons zu wirken, eine singhalesisch geschriebene auf die einheimische Bevölkerung.

In Siam ist bei Gelegenheit des Regierungsjubiläums des jetzigen Königs auf dessen Veranlassung 1893/94 eine Ausgabe der heiligen Schriften der südlichen Buddhisten in 39 Bänden erschienen, der eine Ausgabe der Kommentare folgen soll.

Sehr lebhaft ist ferner die Tätigkeit, die die Buddhisten in Japan entfalten. Dort ist eine Bewegung im Gange, an Stelle des Shintoismus, einer albernen Religion mit der Sonnengöttin Amatarasu an der Spitze, eine Staatsreligion zu setzen, die Buddhismus und Konfuzianismus vereinigen soll. Japanische Gelehrte haben in Europa Sanskrit und Pali studiert, und wir verdanken ihnen eine bedeutende Förderung unserer Kenntnis des Buddhismus, indem sie die chinesische Übersetzung der heiligen nordbuddhistischen Schriften bearbeiteten, Übersetzungen wichtiger buddhistischer Reisewerke aus dem Chinesischen anfertigten und wissenschaftliche Untersuchungen über einzelne Gebiete der buddhistischen Lehre anstellten. Es wird in Japan eine vorzüglich geleitete und glänzend illustrierte Zeitschrift, früher „Hansei Zasshi" (Reflexion), jetzt „The Orient" genannt, herausgegeben, die in buddhistischem Sinne redigiert wird. Eine japanische, buddhistische Mission hat in San Franzisko Fuß gefaßt und gibt dort eine Zeitschrift „The Light of Dharma" (Das Licht des Gesetzes) heraus, die in Amerika viel gelesen wird.

So ist überall in den buddhistischen Ländern eine starke Propaganda in die Wege geleitet, und der Buddhismus ist allmählich eine Macht geworden, in der manche Kreise sogar eine Gefahr für das Christentum sehen.

Christentum und Buddhismus sind oft miteinander verglichen worden. Es ist nicht zu leugnen, daß sie schon rein äußerlich viele Züge gemeinsam haben. Wie das Christentum im Westen, ist der Buddhismus im Osten die gewaltigste Religion. Beide haben sich nicht auf das Land beschränkt, in dem sie entstanden sind, sondern Missionare sind weit über die Grenzen ihrer Heimat hinausgegangen und haben Völkern Bildung und Gesittung gebracht, die vorher von ihnen unberührt waren. Der Siegeszug beider Religionen ist nicht, wie beim Islam, diesem Zerrbild einer Religion, mit Blut getränkt. Christentum und Buddhismus lehren als höchste Tugend die Liebe. Und noch treuer als die Christen haben die Buddhisten die Lehre ihres Meisters befolgt. Der Buddhismus kennt keine Ketzerverfolgungen, keine Hexenprozesse, keine Kreuzzüge. Ruhig und still ist er seinen Weg gegangen und ohne Anwendung von Gewalt zu der größten Religion geworden, die die Welt kennt. Christentum und

Buddhismus sind Religionen der Erlösung. Ihr Ziel ist dasselbe, so verschieden auch der Weg dazu ist. Nirgends hat der Buddhismus, wenn er mit andern Religionen zusammentraf, Haß mit Haß vergolten, aber überall viel Haß erfahren. Eine alte christliche Abschwörungsformel lautet: „Ich verfluche Zarades, Bodda und Skythianos, die Vorgänger der Manichäer". Zarades ist Zoroaster, Bodda unser Buddha. Der wesleyanische Missionar Spence Hardy, dem wir sehr wertvolle Bücher über den Buddhismus verdanken, fertigt die unleugbaren Übereinstimmungen zwischen Christentum und Buddhismus mit der Bemerkung ab, Buddhas Leben sei ein Mythus, seine Lehre eine Masse von Irrtümern, sein Moralkodex sei unvollständig, und seine Religion stütze sich auf Grundsätze, die der Unterlage entbehren. Noch schärfer urteilt der Jesuit Dahlmann. Er behauptet, der Grundgedanke des Buddhismus sei eine tiefe religiöse und soziale Unsittlichkeit. Gerade das Gegenteil ist wahr. Dahlmanns Haß gegen den Buddhismus erklärt sich daraus, daß er in ihm den Protestantismus Indiens sieht, was ganz unrichtig ist.

Abgesehen von solchen vereinzelten Stimmen, sind die christlichen Missionare, die mit dem Buddhismus in Berührung gekommen sind, darin einig, daß die Ethik des Buddhismus gleich hinter der des Christentums kommt. Wie Christus, verwarf Buddha alle äußerliche Frömmigkeit und stellte die sittliche Arbeit an sich selbst und die Nächstenliebe an die Spitze seiner Lehre. Seine Gebote und Verbote sind, wenn man die spezifisch indischen und für Indien allein nötigen außer acht läßt, wesentlich dieselben wie die Christi. Beide Religionsstifter wenden sich nicht an einzelne Klassen, sondern an die große Masse derer, die da mühselig und beladen sind. Jede Beurteilung des Buddhismus von einem einseitig christlichen Standpunkte aus muß notwendig schief sein. Wie jede andere Religion, muß auch er beurteilt werden nach dem Volke, bei dem er entstanden, und nach den Zeitumständen, unter denen er ans Licht getreten ist. Es ist bis heute ein Unglück für den Buddhismus gewesen, daß sich mit Vorliebe Laien mit ihm beschäftigt haben, die ihn mit ganz falschem Maßstabe maßen, weil sie die Bedingungen nicht kannten, die ihn hervorgerufen haben. Seit Schopenhauer in ehrlicher Bewunderung erklärte, daß seine Lehre sich in großer Übereinstimmung mit dem Buddhismus befinde, und daß er geneigt sei, diesem den Vorzug vor allen anderen Reli-

gionen der Erde zu geben, ist der Buddhismus immer mehr
Modesache geworden. Die einen suchen auf seine Kosten das
Christentum zu verherrlichen, andere dies durch ihn herabzu-
drücken, ja, es fehlt auch in Europa nicht an Leuten, die im
Buddhismus die Religion der Zukunft sehen. Sie vergessen,
daß ein nach Europa verpflanzter Buddhismus aufhört Buddhismus zu sein. Atheismus und Pessimismus sind die Schlag-
worte, mit denen man glaubt, ihn charakterisieren zu können.
Zur Zeit Schopenhauers war von dem alten Buddhismus so
gut wie noch nichts bekannt.

In der buddhistischen Kirche stehen sich zwei Richtungen
gegenüber, die in mancher Beziehung als Katholizismus und
Protestantismus bezeichnet werden können. Schon frühzeitig hat
sich der Buddhismus in viele Sekten gespalten. Buddha selbst
hatte bereits mit Uneinigkeit in der Gemeinde zu kämpfen, und
es ist in erster Linie solchen Zwistigkeiten zuzuschreiben, daß der
Buddhismus so schnell in Indien in Verfall geriet. Einzelne
Sekten stellten einen eigenen Kanon der heiligen Schriften in
verschiedenen Sprachen zusammen. Der Überlieferung nach, an
der zu zweifeln kein Grund vorliegt, schlug unmittelbar nach
dem Tode des Buddha Kāśyapa, einer der hervorragendsten
Jünger Buddhas, den in Kuśinagara versammelten Mönchen
vor, einen Kanon des Gesetzes (dharma) und der Disziplin
(vinaya) zusammenzustellen. Das geschah auf dem Konzile zu
Rājagṛha, der alten Hauptstadt des Reiches Magadha, dem
heutigen Tirhut, im östlichen Indien, dem Heimatlande des
Buddha. Diese erste Redaktion des buddhistischen Kanons war
ohne Zweifel in der Sprache des Landes Magadha, der Māgadhī,
abgefaßt, in der Buddha selbst gepredigt haben wird. Ihr
ältestes Denkmal ist die Inschrift auf dem Reliquienbehälter,
der sich in Buddhas Grabe gefunden hat und eine Stiftung der
Familie Buddhas war. Die Wahl gerade dieses Dialektes für
eine Familienstiftung beweist, daß er der Heimatsdialekt Buddhas
war. Daraus erklärt es sich auch, daß die Buddhisten die
Māgadhī als die Grundsprache ansehen, in der die Menschen
des ersten Weltalters, Brahmanen, die vorher keine andere
Sprache gehört, und auch die Buddhas geredet haben. Von
diesem alten Māgadhī-Kanon sind uns nur die Namen einzelner
Teile in dem Edikte von Bairāt erhalten, das der große buddhistische König Aśoka Priyadarśin im 3. Jahrhundert vor

Chr. hat eingraben laſſen, außerdem einige Spuren in dem uns bis jetzt allein vollſtändig bekannten Kanon der ſogenannten ſüdlichen Buddhiſten.

Es iſt üblich, zwiſchen ſüdlichen und nördlichen Buddhiſten zu ſcheiden. Unter ſüdlichen verſteht man die Buddhiſten in Ceylon und Hinterindien, namentlich Siam, Birma, Annam, Kambodſcha, unter nördlichen die Buddhiſten in China, Japan, Korea, Tibet, der Mongolei und in den Ländern am Abhange des Himalaya, beſonders Nepal, Bhutan, Sikkim. Die Zahl der ſüdlichen Buddhiſten wird auf 31 Millionen angegeben, die der nördlichen auf 479 Millionen. Zuſammen bekennen ſich alſo etwa 510 Millionen Menſchen zum Buddhismus, denen etwa 327 Millionen Chriſten gegenüberſtehen. Ganz ſicher iſt aber die Schätzung nicht, da namentlich für China und Tibet die Angaben unſicher ſind.

Der Kanon der Buddhiſten führt den Namen Tripiṭaka, Pali Tipiṭaka, der „Dreikorb". „Korb" (piṭaka) iſt ein bildlicher Ausdruck für Sammlung. Die drei Sammlungen, aus denen das ſüdliche Tipiṭaka beſteht, führen die Namen Vinayapiṭaka, „Korb der Disziplin", Suttapiṭaka, „Korb der Predigten", und Abhidhammapiṭaka, „Korb der Metaphyſik", wie man zu überſetzen pflegt. Jede dieſer drei Sammlungen zerfällt wieder in eine Anzahl Unterabteilungen. Die Sprache dieſes Kanons iſt das Pāli, ein jüngerer Schweſterdialekt des Sanskrit, der wahrſcheinlich im weſtlichen Indien, etwa im heutigen Gujarat, geſprochen wurde. Die ſüdlichen Buddhiſten identifizieren das Pali irrtümlicherweiſe mit der alten Māgadhı und nehmen an, daß das ganze Tipiṭaka in ſeiner heutigen Geſtalt bereits unmittelbar nach Buddhas Tode feſtgeſtellt wurde. Dieſe Annahme widerſpricht direkt der alten Überlieferung, nach der, wie erwähnt, auf dem Konzile zu Rājagṛha nur das Geſetz und die Diſziplin feſtgeſtellt wurden. Wie an der Bibel, ſo haben auch an dem Kanon der ſüdlichen Buddhiſten, dem Pali-Kanon, viele Jahrhunderte gearbeitet. Das Abhidhammapiṭaka iſt zweifellos der jüngſte Beſtandteil des Kanons. Es enthält nichts weſentlich Neues, ſondern iſt im ganzen nur eine Wiederholung des Inhalts des Suttapiṭaka, aber in noch viel ſchematiſcherer Geſtalt. Die Tradition ſelbſt läßt keinen Zweifel darüber, daß Werke viel jüngerer Zeit in ihm Aufnahme gefunden haben. Das Kathāvatthu, das in ihm ſteht und 250 irrige

Ansichten verschiedener Schulen bekämpft, wurde nach der Überlieferung von Tiṣya Maudgaliputra um die Mitte des 3. Jahrhunderts vor Chr. am Hofe des Aśoka in Pāṭaliputra verfaßt und auf dem dritten Konzile verkündigt. So fand also ein ganz scholastisch geschriebenes Werk eines allgemein bekannten Verfassers Aufnahme in diesen Teil des Kanons. Es steht jetzt fest, daß der Pali-Kanon nur der Kanon einer Sekte ist, der Sekte der Vibhajyavādin, einer Schule der orthodoxen Partei des Buddhismus. Seine schriftliche Aufzeichnung erfolgte erst im 1. Jahrhundert vor Chr. in Ceylon unter König Vaṭṭagāmani. Es könnte scheinen, daß die Überlieferung des Textes darunter gelitten hat, daß er erst so spät aufgezeichnet wurde. Das ist aber nicht der Fall. Die indische Unterrichtsmethode war derartig, daß auch ohne schriftliche Aufzeichnung eine treue Überlieferung selbst gewaltiger Textmassen möglich war. Es gibt noch heute in Indien Gelehrte, die den ganzen Ṛgveda, 1028 Lieder von teilweise großem Umfange, von Anfang bis zu Ende auswendig wissen und ihn rezitieren, ohne den geringsten Fehler zu machen. Man hatte eigene Rezitationsweisen ausgedacht, deren Einübung Gegenstand des Unterrichts war. Die Übung des Gedächtnisses bildete einen Hauptteil des Schulunterrichts. In den Predigten, die Buddha im Kreise seiner Jünger hielt, tritt dieses lehrhafte Element sehr stark hervor. Die Wiederholungen einzelner Worte durch Synonyma und ganzer Sätze, die Variierung desselben Gedankens, sind im höchsten Grade ermüdend und nur erklärlich aus dem Wunsche, den Zuhörern den Inhalt fest einzuprägen. Unendlich oft werden namentlich die technischen Ausdrücke, die für die Lehre von besonderer Bedeutung sind, wiederholt und erläutert. Immerhin ist der Kanon selbst an Umfang nicht größer als die Bibel, eher kleiner. 1881 wurde in London von Rhys Davids, einem der besten Kenner des Pali und des Buddhismus, die Pāli Text Society gegründet. Heute liegen fast alle wichtigen Texte des Pali-Kanons in kritischen Ausgaben gedruckt vor.

Bis vor kurzem war es die allgemeine Ansicht der Forscher, daß nur dieser Pali-Kanon der südlichen Buddhisten die Lehre Buddhas treu überliefere. Schon längst hatte man erkannt, daß Teile der Schriften der nördlichen Buddhisten oft wörtlich mit denen der südlichen übereinstimmten. Da die nördlichen aber meist zweifellos jüngeren Datums waren als die südlichen, so nahm man an, daß die Übereinstimmungen auf Entlehnung aus dem Pali-Kanon beruhten. Die Verhältnisse liegen auf dem Gebiete des nördlichen Buddhismus viel ungünstiger als auf dem des südlichen. Beim südlichen haben wir es mit einer Sprache zu tun, dem Pali, die in vier Alphabeten geschrieben wird, dem singhalesischen, birmanischen, siamesischen und kambodschanischen. Dazu kommt als wünschenswert, aber nicht unbedingt nötig, die Kenntnis des Singhalesischen, der Sprache von Ceylon. Beim nördlichen Buddhismus dagegen ist die Zahl der Sprachen und Alphabete viel größer. Ein Teil der Werke ist in Sanskrit geschrieben, ein anderer in einem eigentümlichen Mischdialekt aus Sanskrit und Mittelindisch, den man Gāthā-Dialekt, „Dialekt der Lieder", zu nennen pflegt, weil er sich anfangs nur in den in die Prosatexte eingelegten metrischen Bestandteilen fand. Jetzt kennen wir aber auch Werke, die denselben Dialekt auch durchweg in der Prosa haben. Dazu kommen Chinesisch, Tibetanisch, Mongolisch, Japanisch, alles schwierige Sprachen mit eigenen Alphabeten und einer riesigen Literatur. Der Name „nördlicher Buddhismus" hat überhaupt nur eine geographische Berechtigung, und auch diese nur teilweise, da zu ihm auch der Buddhismus auf Java und Sumatra zu rechnen ist, der aus dem Norden dorthin gebracht worden ist. Der nördliche Buddhismus stellt nicht einen einheitlichen Begriff dar. So viele Völker, so viele Arten des Buddhismus gibt es auch. Das erklärt sich daraus, daß der Buddhismus überall auf Volksreligionen aufgepfropft worden ist, die in ihrem Wesen grundverschieden von ihm waren. Nirgends hat der Buddhismus diese Religionen ausrotten können, ja, gar nicht ausrotten wollen. Selbst in Ceylon ist die eigentliche Religion des Volkes ein Dämonenglaube.

Die chinesischen und tibetanischen Übersetzungen geben ausdrücklich an, daß sie auf einen Kanon zurückgehen, der in Sanskrit geschrieben war. Wir wissen auch, daß die Schule der Mūlasarvāstivādin, die sich als Anhänger des Rāhula, des Sohnes des Buddha, betrachteten, einen Kanon in Sanskrit hatte. Trotz allen Nachforschungen war aber in China ein Sanskrit-Kanon nicht zu finden. Da brachte 1903 die Expedition des Königlichen Museums für Völkerkunde in Berlin unter Leitung von Grünwedel aus Chinesisch-Turkestan neben andern wertvollen Funden eine Anzahl von Resten alter Blockdrucke mit, die in einem eigenartigen, schwierigen Alphabete geschrieben waren, das man zentralasiatische Brāhmī zu nennen pflegt. Die Untersuchung der Blockdrucke, die Pischel übertragen wurde, ergab, daß sie ziemlich umfangreiche Reste des verloren geglaubten Sanskrit-Kanons enthielten, und daß in der Tat die chinesische Übersetzung eine wortgetreue Wiedergabe dieses Kanons ist. Es zeigte sich, daß der Sanskrit-Kanon eine viel gedrängtere Fassung hat als der Pali-Kanon, von dem er ganz unabhängig ist, wie schon die abweichende Einteilung zeigt. Der Kern der Lehre Buddhas ist aber bis in Einzelheiten hinein genau derselbe in beiden Fassungen, was ein glänzendes Zeugnis ablegt für die Treue der Überlieferung. Wenn man bisher die „Pali-Tradition" der „Sanskrit-Tradition" gegenüberstellte und einen „durchgreifenden Gegensatz" zwischen beiden annahm, so ist dies in Zukunft, soweit der Kanon selbst in Frage kommt, nicht mehr möglich. In ihrer späteren Entwickelung sind freilich der Süden und Norden weit auseinander gegangen, und im allgemeinen darf der Süden auf größere Einfachheit und Altertümlichkeit Anspruch erheben. Immer mehr stellt sich aber heraus, daß selbst in ganz legendenhaft gehaltenen nordbuddhistischen Werken sich Spuren alter, guter Überlieferung finden, die wir im Süden vergeblich suchen. Auch die „Pali-Tradition" darf fortan nur als die Tradition einer Sekte angesehen werden, nicht als die allein echte des gesamten Buddhismus.

II. Das nordöstliche Indien zur Zeit des Buddha.

So lange wir etwas von Indien wissen, zerfiel es in eine Anzahl mehr oder weniger großer Reiche. Nur selten hat ein Mann eine Herrschaft gegründet, die sich über einen größeren Teil von Indien erstreckte, wie Candragupta aus der Familie der Maurya im 4. Jahrhundert vor Chr., und die Familie der Gupta im 4. Jahrhundert nach Chr. Zur Zeit des Buddha, d. h. im 6. Jahrhundert vor Chr., gab es im nordöstlichen Indien vier Königreiche von teilweise erheblichem Umfange und Ansehen, außerdem eine Anzahl aristokratisch regierter Republiken und etwa ein Dutzend kleinerer Fürstentümer, von denen sich einige auch Königreiche nannten. Von diesen Königen und Adligen haben mehrere im Leben des Buddha eine hervorragende Rolle gespielt. Einige der Hauptstädte sind oft die Stätte der Wirksamkeit Buddhas gewesen und kehren in der Geschichte des Buddhismus beständig wieder.

Unter den Königreichen ist vor allem zu nennen das Reich Magadha (heute Bihar) mit der Hauptstadt Rājagṛha (heute Rajgir), an deren Stelle später als Hauptstadt Pāṭaliputra (heute Patna) trat. Magadha unterworfen war das weiter nach Osten gelegene Land der Anga mit der Hauptstadt Campā. Zur Zeit des Buddha war König von Magadha Bimbisāra oder Sreṇika, ein treuer Anhänger Buddhas. Auf Anstiften des Devadatta, des Vetters und Verräters Buddhas, wurde Bimbisāra von seinem Sohne Ajātaśatru oder Kūṇika getötet, als Buddha schon hochbetagt war. Von Gewissensbissen getrieben, ging Ajātaśatru zu Buddha, der ihm verzieh und ihn in die Gemeinde aufnahm.

Nordwestlich von Magabha lag das Königreich der Kośala, oder genauer Uttara-Kośala, „der nördlichen Kośala", mit der Hauptstadt Śrāvastī, unter König Prasenajit, später dessen Sohne Virūḍhaka oder Viḍūḍabha. Wie Bimbisāra, war auch Prasenajit ein treuer Verehrer Buddhas. Südlich

Die Staaten des nordöstlichen Indiens.

schloß sich an die Kośala an das Königreich der Vatsa mit der Hauptstadt Kauśāmbī (sw. von dem heutigen Allahabad), unter König Udayana, dessen romantische Liebesgeschichte mit Vāsavadattā (von den Buddhisten Vāsuladattā genannt), der Tochter des Königs Pradyota, in Indien sehr gefeiert war und noch im 5. Jahrhundert nach Chr. im Munde der Dorfgreise der Avanti fortlebte. Noch weiter südlich lag das Königreich der Avanti mit der Hauptstadt Ujjayinī (heute Ujjain), der Heimatstadt des gefeierten Dichters Kālidāsa, unter König Pradyota oder Caṇḍa-Pradyota, dem Vater der Vāsavadattā.

Unter den republikanisch regierten Feudalstaaten ragte hervor die Konföderation der Vṛjji (Pali Vajji), die acht Bundesstaaten umfaßte, unter denen der der Licchavi von Vaiśālī besonders zu nennen ist. Ihnen benachbart waren die Malla von Kuśinagara und Pāvā, und die Śākya mit der Hauptstadt Kapilavastu. Dem Patriziergeschlechte der Śākya gehörte Buddha an, der schon in einer Inschrift des 3. Jahrhunderts vor Chr. Sakyamuni, „der Weise der Śākya", genannt wird. Die Śākya erkannten die Oberherrschaft des Königs von Kośala an, waren aber im übrigen selbständig. Sie betrachteten sich selbst als Kośalas und führten ihr Geschlecht bis auf den alten König Ikṣvāku zurück, von dem die indische Sage viel zu erzählen weiß. Sie werden als hochmütig und adelsstolz geschildert, ein Charakterzug, der ihnen schließlich zum Verderben gereichte.

Das Heimatsland des Buddha lag an der Grenze des heutigen nepalesischen und englischen Gebietes, zwischen den nepalesischen Vorhöhen des Himalaya und dem mittleren Laufe der Rapti, etwa 100 englische Meilen nordöstlich von Benares, wo heute Gorakhpur liegt. Über die Größe des Landes geben uns die alten Quellen keine genaue Auskunft. Oldenberg schätzt es auf höchstens $\frac{1}{4}$ der Mark Brandenburg, Rhys Davids berechnet die Einwohnerzahl auf etwa eine Million. Es werden uns eine ganze Anzahl Namen von Orten des Śākyalandes genannt, und wir erfahren, daß es ein reiches und blühendes Land war, dessen Reiskulturen hervorgehoben werden.

Man hat lange geglaubt, daß das indische Volk im 6. Jahrhundert vor Chr. unter dem Drucke geistlicher und weltlicher Knechtschaft schmachtete und auf einen Erlöser wartete, der ihm in der Gestalt Buddhas erschien. Die buddhistischen Texte selbst belehren uns eines Besseren. Überall finden wir in Indien damals wohlgeordnete Staaten mit machtvollen Fürsten an der Spitze, mit großen, prächtigen Städten, in denen Handel und Gewerbe blühte, und mit zahlreichen Dörfern, die reich waren an Weideland und Vieh. Zwar erhoben wohl die Priester den Anspruch, als die ersten im Staate angesehen zu werden. In Wirklichkeit war aber der Adel, die Krieger, die herrschende Klasse. Eine schroffe Abgrenzung der Kasten und Berufe, wie sie später gefordert wird, war damals nicht vorhanden, wie zahlreiche Beispiele von Personen zeigen, die einen Berufswechsel vornahmen. Kaufleute betrieben zu Wasser und zu Lande einen ausgedehnten Handel, der weit über die Grenzen Indiens hinausreichte.

Schon in der ältesten Zeit, von der wir aus Indien Kunde haben, der vedischen, stand das Hetärentum in Blüte. Zu Buddhas Zeit spielten die Hetären keine geringere Rolle als in Griechenland zur Zeit des Perikles. Zu den Zierden und Vorzügen einer großen Stadt gehörte eine „Stadtschöne", d. h. eine Hetäre. Sie war durchaus nicht verachtet, sondern verkehrte in den höchsten Kreisen der Stadt. Śrīmatī, die Schwester des Jīvaka, des Leibarztes des Königs Ajātaśatru, war eine Hetäre, und unter den buddhistischen Nonnen befinden sich mehrere, die früher Hetären waren. Buddha trug kein Bedenken, eine Mahlzeit bei Āmrapālī, gewöhnlich mit ihrem Palinamen Ambapālī genannt, der Stadtschönen von Vaiśālī anzunehmen, der die jungen abligen Licchavis diese Ehre vergeblich um 100000 Goldstücke abzukaufen versuchten. Buddha nahm von Ambapālī einen Mangohain als Geschenk an und erfreute sie dafür mit religiösen Gesprächen. Später wurde sie Nonne, und die ihr in den Therīgāthā („Lieder der Ältesten") zugeschriebenen Verse gehören zu den schönsten dieser Sammlung.

Auch ältere und jüngere brahmanische Texte beweisen, daß die Lebensbedingungen in Indien damals durchaus günstig waren. Wenn man aber auch sein Leben in vollen Zügen genoß, so scheint doch die uralte Frage, was aus dem Menschen nach dem Tode wird, auch weitere Kreise des Volkes beschäftigt zu haben. Der Inder der vedischen Zeit glaubte an ein Leben nach dem Tode, eine Unsterblichkeit der Seele. Im höchsten Himmel genoß der Tote ein glückliches, sorgenloses Leben, frei von den Gebrechen des Leibes, unverkrüppelt, gerade an Gliedern, in ewigem Lichte. Trotz allem aber hielt es der Inder doch für besser, auf der

Erde zu bleiben. Ein alter Text sagt: „Es ist nicht gut, von dieser Welt wegzugehen; denn wer weiß, ob man in jener Welt existiert oder nicht". Dieser Zweifel wurde auch ausgesprochen in den Kreisen der Priester selbst. Am Schlusse eines berühmten Dialoges sagt Yājñavalkya, der eigentliche Schöpfer des Brahmanismus und einer der bedeutendsten Männer des alten Indiens, zu seiner Frau: „Nach dem Tode gibt es kein Bewußtsein". Und noch schärfer äußert er sich gegen seine Mitpriester: „Wohl wächst ein abgehauener Baum aus der Wurzel wieder neu hervor; aus welcher Wurzel sollte aber ein vom Tode abgehauener Mensch hervorwachsen? Saget nicht „aus dem Samen", da dieser sich nur bei einem Lebenden erzeugt. Wer einmal gestorben ist, wird nicht wieder geboren". Damit im Widerspruch steht eine Lehre, die in Indien uralt ist, ihre volle Ausbildung aber wohl erst in der Zeit vom 8. Jahrhundert vor Chr. an erfahren hat, die Lehre von der Seelenwanderung. Sie besagt, daß der Mensch sofort nach seinem Tode wiedergeboren wird. Von seinen Taten in dieser Welt, seinem Karman, hängt es ab, was aus ihm nach dem Tode wird: „Wie er gehandelt, wie er gewandelt, so wird er. Wer Gutes getan, wird zum guten Wesen, wer Böses getan, zum bösen". Der Tod bringt keine Erlösung. Leben ist Leiden. Diese Wahrheit hat die brahmanische Philosophie schon lange vor Buddha ausgesprochen. Die Begriffe des Leidens und der Erlösung vom Leiden geben der gesamten orthodoxen Philosophie der Inder ihr Gepräge. Die Furcht vor der Wiedergeburt durchzieht das ganze Denken dieser Zeit, und ihr ein Ende zu setzen, ist das Ziel, wonach der grübelnde Verstand strebt. Man schlug zwei Wege ein. Einmal nahm man seine Zuflucht zu bestimmten Gebräuchen, die mit Beschwörungen und Zaubereien verknüpft und auf die große Menge berechnet waren. Der zweite Weg war der der Spekulation. Bereits im Rgveda finden sich Lieder, die zeigen, daß der Glaube an die alten Götter mit Indra, dem Feinde der Dämonen, an der Spitze, ins Schwanken geraten war. An die Stelle der Vielheit der Götter suchte das grübelnde Denken einen Gott zu setzen, und der Rgveda hat schon einige Lieder, die ganz monotheistisch gehalten sind. Aber der eine Gott führt hier noch Namen, die ihn als einen persönlichen Gott kennzeichnen: Prajāpati, „Herr der Geschöpfe", oder Viśvakarman, „Allschöpfer". Die spätere Zeit geht noch weiter. Sie setzt an die Stelle der vielen Götter einen unpersönlichen Gott, den sie Ātman, „Selbst", „Ich" oder Brahman nennt, ein Wort, daß ursprünglich den Zauberspruch bedeutet, mit dem man glaubte, selbst die Götter zwingen zu können. Der Begriff des sächlichen Brahman gewann allmählich das Übergewicht über den männlichen Ātman. Das Brahman wurde gedacht als eine in ewiger Ruhe verharrende Substanz, von der alles ausgeht, die in allem ist, und zu der alles zurückkehrt. Nach dieser Lehre ist die Welt nur eine Umwandlung des unpersönlichen, höchsten Wesens, ein Truggebilde, das nur scheinbar neben dem Brahman existiert, in Wirklichkeit aber mit ihm eins, als Welt überhaupt nicht vorhanden ist. Wenn der Mensch dies erkannte, dann kam er zur Ruhe von dem ewigen Kreislauf der Geburten; er ging auf in dem ewig ruhigen Brahman; er wurde befreit von der Seelenwanderung. Gegen diese Lehre der orthodoxen Philosophie, des Vedānta des Bādarāyaṇa, traten andere Lehrer auf, als der bedeutendste Kapila, der Begründer der Sāmkhya-Philosophie, die dem Buddhismus seine Grundlage geliefert hat. Wir wissen aus buddhistischen Texten, daß gleichzeitig mit Buddha noch sechs Lehrer im Lande herumzogen, die teilweise großen Zulauf hatten. Davon ist einer besonders bekannt geworden, Nigaṇṭha Nāyaputta, mit seinem Kirchennamen Mahāvīra, „der große Held" oder Jina, „der Sieger" genannt, der Stifter der Sekte der Jaina, die bis auf den heutigen Tag zahlreiche und angesehene Anhänger hat, namentlich unter den Kaufleuten im Westen und Süden von Indien. Die Lehre des Jina hat außerordentlich viele Berührungspunkte mit der des Buddha, so daß man lange die Jainas für eine Sekte der Bauddhas gehalten hat. Der Jina war der gefährlichste Konkurrent Buddhas. Nach Angabe der Jainas gab es damals nicht weniger als 363 verschiedene philosophische Systeme, nach der der Bauddhas 62, die in zwei Klassen geteilt wurden. Die einen lehrten, daß es eine Willensfreiheit, eine Verantwortlichkeit und eine Seelenwanderung oder Wiederverkörperung gebe, die anderen leugneten dies. Der Jina und Buddha gehörten beide zu der ersten Klasse. Sie glaubten also an die Seelenwanderung, und ihr ein Ende zu machen, ist die letzte Aufgabe ihrer Lehre. Wie weit Buddha dabei von seinen Vorgängern abhängig ist, werden wir bei der Darstellung seiner Lehre zu prüfen haben. Zunächst wollen wir kennen lernen, was uns von seinem Leben bekannt ist.

III. Das Leben des Buddha.

Buddha stammte, wie wir gesehen haben, aus dem abligen Geschlechte der Sākya, die in einem kleinen Gebiete an den Abhängen des nepalesischen Himalaya aristokratisch regierten. Ihre Hauptstadt war Kapilavastu. Buddhas Vater hieß Suddhodana, seine Mutter Māyā, gewöhnlich Māyādevī genannt. Māyā hatte kurz vor der Geburt des Knaben den Wunsch, noch einmal ihre Eltern zu sehen. Als sie auf dem Wege zu ihnen in einem Haine in der Nähe des Dorfes Lumbinī bei Kapilavastu von einem hohen Baume einen Zweig abbrechen wollte, überraschte sie die Geburt. Diese Szene ist abgebildet auf einem Relief, das sich im Jahre 1899 bei den Ausgrabungen in der dortigen Gegend gefunden hat. Der Knabe erhielt den Namen Siddhārtha (Pali Siddhattha), oder nach den nördlichen Quellen Sarvārthasiddha. Der Zweig der Sākya, aus dem Buddha stammte, führte den Namen Gautama, und danach wird Buddha von seinen Zeitgenossen gewöhnlich śramaṇo Gautamaḥ, Pali samaṇo Gotamo, „der Asket Gautama", genannt, eine in den buddhistischen Schriften beständig wiederkehrende Bezeichnung. Buddha bedeutet „der Erwachte", „der Erleuchtete", und das ist der kirchliche Name, den Siddhārtha später von seinen Anhängern bekam und unter dem er allein bekannt geworden ist.

Buddhas Mutter Māyā starb sieben Tage nach der Geburt des Knaben, und dieser wurde von der Schwester seiner Mutter, Mahāprajāpatī, die Suddhodana später zur Frau nahm, aufgezogen. Wir erfahren, daß Buddha zwei Stiefgeschwister hatte, Kinder der Mahāprajāpatī, einen Stiefbruder und eine Stiefschwester, die wegen ihrer Schönheit gerühmt wird. Alte Texte berichten uns ferner, daß Siddhārtha ein sehr zarter Knabe war und fürstlich erzogen wurde. Seine Kleider waren aus feinstem

Linnen aus Benares. Tag und Nacht wurden weiße Sonnenschirme über ihn gehalten, um ihn vor Kälte und Hitze, Staub, Gras und Tau zu schützen. Im Palaste wurden für ihn mit Lotosblumen verschiedenster Art bedeckte Teiche angelegt, und je nach der Jahreszeit lebte er in einem Sommer-, Herbst- und Winterpalast. Die vier Monate der Regenzeit verbrachte er im Herbstpalaste, wo unsichtbare Musik ihn ergötzte. Die feinsten Speisen aus Reis und Fleisch wurden ihm bereitet. Seine Erziehung wird sich sonst voraussichtlich nicht von der üblichen Erziehungsweise junger Abliger unterschieden haben. Jüngere Texte berichten, daß Suddhodana aus übergroßer Liebe zu seinem Sohne dessen Erziehung sehr vernachlässigte. Er wurde nicht einmal im Waffenhandwerk unterrichtet, so daß er die Hand des Mädchens, das er sich zur Frau erkor, erst nach Ablegung einer Probe zugestanden erhielt. Er heiratete jung. Es wurde ihm ein Sohn geboren, der den Namen Rāhula erhielt. Den Namen der Frau des Buddha erfahren wir aus alten Texten nicht. Diese nennen sie stets Rāhulamātā, „die Mutter des Rāhula". Ein jüngerer, kanonischer Palitext nennt sie Bhaddakaccā, die nördlichen Texte in Sanskrit nennen sie Gopā oder Yaśodharā. 29 Jahre war Buddha alt geworden, als ihm das Leben, das er bis dahin geführt hatte, zum Ekel wurde. Er verließ seine Paläste, Frau und Kind und zog als Bettler in die weite Welt. Ein alter Text sagt darüber: „Der Asket Gautama ist Mönch geworden, indem er eine große Verwandschaft verließ. Der Asket Gautama ist Mönch geworden, indem er viel Gold, gemünztes und ungemünztes, verließ, das sich in Kellern und und auf Böden befand. Der Asket Gautama ist jung, als junger Mann, mit schwarzem Haar, in glücklicher Jugend, im frühesten Alter, von der Heimat in die Heimatlosigkeit gegangen. Der Asket Gautama hat, obwohl seine Eltern es nicht wollten, obwohl sie Tränen vergossen und weinten, sich Haare und Bart scheren lassen, gelbe Gewänder angelegt und ist von der Heimat in die Heimatlosigkeit gegangen". Über die Gründe zu diesem Schritt lassen die alten Texte Buddha sich selbst aussprechen. Nachdem er seinen Jüngern erzählt hatte, in welchem Überfluß er gelebt hatte, fuhr er fort: „Mir, o Mönche, der ich mich in solchem Wohlstand befand und der ich so außerordentlich zart war, kam der Gedanke: Der unwissende, gewöhnliche Mensch, der selbst dem Alter unterworfen ist, empfindet, wenn er, selbst noch nicht alt, einen ganz Alten sieht, Unbehagen, Scham, Ekel, indem er die Nutzanwendung auf sich selbst macht. Auch ich bin dem Alter unterworfen, selbst noch nicht alt; sollte ich, der ich selbst dem Alter unterworfen, selbst noch nicht alt bin, wenn ich einen ganz Alten sehe, Unbehagen, Scham, Ekel empfinden? Das stände mir nicht wohl an. Mir, o Mönche, der ich solches erwog, schwand alle Freude an der Jugend völlig". Gleiches wird dann von Krankheit und Tod gesagt, mit dem Unterschied, daß es zum Schluß heißt: „Mir ... schwand alle Freude an der Gesundheit" und „Mir ... schwand alle Freude am Leben". Das steht im Zusammenhang mit der Lehre Buddhas, daß es drei Arten von Dünkel gibt: den Dünkel infolge von Jugend, Gesundheit, Leben, d. h. daß der Mensch vergißt, daß er alt und krank wird und sterben muß. Die Stelle ist auch wichtig, weil auf ihr die Fassung beruht, die die Legende Buddhas Entschlusse, von Haus und Hof zu scheiden, gegeben hat. Sie weiß von Buddhas Geburt und Jugend viel mehr zu erzählen. Die südliche jüngere Überlieferung liegt uns besonders vor in der in Pali geschriebenen Nidānakathā, der Einleitung zu den später zu besprechenden Jātaka, die nördliche im Lalitavistara und dem Mahāvastu, den Lebensbeschreibungen bestimmter Sekten, die erste in Sanskrit und Versen im Gāthādialekt, die zweite ganz im Gāthādialekt geschrieben. Der Lalitavistara, der auch ins Tibetanische übersetzt worden ist, ist für viele Millionen Menschen die Quelle ihres Glaubens bis auf den heutigen Tag. Er führt die Erzählung nur bis zur Erleuchtung, über die auch das Mahāvastu, nicht weit hinausreicht. In diesen drei Werken finden sich auch vorzugsweise die Anklänge an christliche Erzählungen, die verwertet worden sind, um buddhistische Einflüsse auf die christliche Evangelienliteratur und die sich zunächst anschließenden neutestamentlichen Schriften zu erweisen. Zuerst ist dies in umfassender Weise geschehen von Rudolf Seydel, dann vorsichtiger von van Bergh van Eysinga.

Ein Beispiel diene als Probe. Bereits in einem der ältesten Werke des südlichen Kanons, dem Suttanipāta, findet sich folgende Erzählung. Der Heilige Asita, mit vollerem Namen Asita Devala oder Kāla Devala, „der schwarze Devala", sah bei einem Besuche, den er den Göttern im Himmel machte, daß die Götter sich in großer Freude befanden. Auf seine Frage nach der Ursache, wurde ihm gesagt, daß im Lande der Śākya, im Dorfe Lumbinī, ein Knabe geboren sei, der einst ein Buddha werden würde. Als Asita dies hörte, begab er sich vom Himmel zu Suddhodana und ließ sich den Knaben zeigen. Als er ihn, der wie das Feuer glänzte, gesehen hatte, nahm er ihn auf seine Arme und pries ihn als das höchste der lebenden Wesen. Plötzlich aber fing er an zu weinen. Die Frage der Śākya, ob dem Knaben ein Leid drohe, verneinte er; er weine, weil er sterben werde, ehe der Knabe Buddha geworden sei. Er wies aber seinen Neffen Nālaka auf dies Ereignis hin und bestimmte ihn zu einem Jünger Buddhas. Diese Erzählung kennt auch die Nidānakathā, ferner Aśvaghoṣa, der Verfasser des Buddhacarita, „Leben des Buddha", der im 1. Jahrhundert vor Chr. unter König Kaniṣka lebte, der Lalitavistara und das Mahāvastu. Sie gehört also zu dem ältesten Bestande der Lebensbeschreibungen des Buddha. Ihre Ähnlichkeit mit der Erzählung von Simeon, die uns Lukas 2, 25—36 berichtet, ist längst bemerkt worden. In einigen Punkten weichen beide Erzählungen allerdings voneinander ab. Besonders ist hervorzuheben, daß Asita erklärt, er werde sterben, ehe das Kind Buddha geworden sei, Simeon dagegen die Prophezeiung erhalten hat, daß er nicht eher sterben werde, ehe er Jesus gesehen habe. Aber der Unterschied ist doch geringer als die Übereinstimmung. Hier wie dort ist es ein Greis, der auf wunderbare Weise zu dem neugeborenen Kinde kommt, es aufhebt und sich glücklich preist, daß er das Kind noch gesehen hat. Eine Entlehnung ist hier sehr wahrscheinlich, und der Weg ist jetzt nicht mehr so schwer nachzuweisen wie früher.

Die Durchforschung von Turkestan durch Sven Hedin und Stein im Süden, Klementz, Grünwedel und v. Lecoq im Norden, hat ergeben, daß sich dort alle Religionen auf dem Wege nach China zusammendrängten. Die Trümmerstätten weisen auf eine alte buddhistische Mission hin. Bilder und Bauten buddhistischen Ursprungs, buddhistische Handschriften und Blockdrucke finden sich überall. Nach China ist der Buddhismus im Jahre 61 nach Chr. gekommen. Er war also früher in Turkestan, das das Durchgangsland von Indien nach China war. In Baktrien ist er schon im 2. Jahrhundert vor Chr. nachweisbar. Ferner saßen in Turkestan Zoroastrier, was uns direkt überliefert ist. Auch haben sich Bruchstücke von Handschriften zoroastrischen Inhalts dort gefunden. Eine große Rolle

spielten dann dort die Manichäer. Māni, der Stifter des nach
ihm benannten Religionsſyſtems, ſoll um 215 nach Chr. in
Mardinu in Babylonien als Sohn eines nach Babylonien aus-
gewanderten Perſers geboren worden ſein. Er machte große
Reiſen, die ihn auch nach Indien und Turkeſtan führten. Er
wurde 276 oder 277 gekreuzigt. Die Religion, die er ſtiftete,
hat man als perſiſchen Gnoſtizismus bezeichnet. Er hatte ſtarke
Hinneigung zum Chriſtentume. Seine Schriften galten als verloren. Die Deutſche Expedition nach Turkeſtan hat aber dort
größere Fragmente gefunden, die in einer Abart der ſyriſchen
Schrift, dem Eſtrangelo, geſchrieben und in altem, ganz reinem
Mittelperſiſch verfaßt ſind. Ihre Entzifferung verdanken wir
dem glänzenden Scharfſinn von Profeſſor F. W. K. Müller,
Direktorialaſſiſtent am Königlichen Muſeum für Völkerkunde in
Berlin. In nicht geringer Zahl ſaßen in Turkeſtan auch ſyriſche
Chriſten. Die Syrer ſind es geweſen, die die Vermittler
zwiſchen Orient und Occident auch ſonſt gebildet haben, wie
z. B. auf dem Gebiete der Märchen und Fabeln. Die Heimat
eines großen Teils unſerer Märchen und Fabeln iſt Indien.
Von Indien wanderten ſie nach Perſien, von dort nach Syrien,
von wo ſie durch die Araber nach Europa gelangten. Bei
bibliſchen Geſchichten, wie der von Simeon, und ſpäteren Erzählungen in Apokryphen wird der Weg bis Syrien der gleiche
geweſen ſein. Es iſt doch kaum Zufall, daß alle Berührungen
dieſer Art zwiſchen Chriſtentum und Buddhismus ſich gerade
bei Lukas finden. Das Lukasevangelium ſchreibt die Kritik dem
2. Jahrhundert nach Chr. zu, und nach ſpäterer Tradition ſoll
Lukas ein Syrer aus Antiochia geweſen ſein. Erbauliche Geſchichten, wie die von Simeon, dürfen nicht anders beurteilt
werden als die Märchen und Fabeln. Ihrer Herleitung aus
Indien ſteht nichts im Wege. Auch Symbole, wie das chriſt-
liche Symbol des Fiſches, ſind wahrſcheinlich durch die Syrer
aus Indien ins Chriſtentum gebracht worden. Die Berührungen
der Religionen ſcheinen auf dem Wege von Indien nach China
viel früher eingetreten zu ſein, als man bisher glaubte, und
Turkeſtan ſpielt dabei eine hervorragende Rolle.

Bei dem Feſte der Namengebung erſchienen wieder acht
Brahmanen, die ſchon früher einen Traum der Māyā ausgelegt
hatten. Der jüngſte unter ihnen ſtellte feſt, daß das Kind ein
Buddha werden würde. Nach der nördlichen Tradition tat dies

Asita bei seinem Besuche. Suddhodana war aber nicht damit einverstanden, daß sein Sohn ein Mönch werden solle. Als er auf seine Frage gehört hatte, daß sein Sohn durch den Anblick eines Greises, eines Kranken, eines Toten und eines Geistlichen bewogen werden würde, in den geistlichen Stand zu treten, gab er den strengen Befehl zu verhindern, daß sein Sohn eine dieser Erscheinungen zu Gesicht bekomme. In jeder Himmelsgegend wurden in einem Abstande von $1/4$ Meile von den Palästen Wächter aufgestellt, die niemanden einlassen durften. Die jüngeren Berichte sind reich an Wundern, die Buddha als Kind vollbrachte. Er beschämt seine Lehrer in der Schule, wozu sich wieder eine christliche Parallele findet, und erweist sich als Meister in allen Künsten und im Waffenhandwerk. Alle Berichte sind aber auch darin einig, daß er in seiner Jugend herrlich und in Freuden lebte. In den drei Palästen wurden ihm zur Bedienung 40000 Tänzerinnen gegeben, mit denen er, wie die Nidānakathā sagt, lebte wie ein Gott von Götterhetären umgeben, ergötzt durch unsichtbare Musik. Neben den 40000 Tänzerinnen hatte er nach dem Lalitavistara noch 84000 Frauen. Allmählich nahte die Zeit, wo seine weltlichen Neigungen ein Ende nehmen sollten. Während nach den alten Texten der Entschluß des Buddha, der Welt zu entsagen, seinem inneren Drange entsprang, sind es in den jüngeren wieder die Götter, die ihn dazu veranlassen. Als der Prinz einst in den Park spazieren gefahren war, ließen die Götter ihm einen Engel in Gestalt eines uralten, zahnlosen, weißhaarigen, gekrümmten Mannes, der sich zitternd mit einem Stocke in der Hand bewegte, erscheinen. Als der Prinz von seinem Wagenlenker erfahren hatte, daß es das Los jedes Menschen sei, zu altern, kehrte er betrübt nach Hause zurück. Suddhodana ließ die Wachen verdoppeln und verschärfen, konnte aber nicht verhindern, daß die Götter auf gleiche Weise dem Prinzen einen mit einer ekelhaften Krankheit behafteten Menschen, einen Toten und schließlich einen wohlgekleideten, bescheidenen Mönch erscheinen ließen. Als der Prinz diesen gesehen, und der Wagenlenker ihm die Vorzüge des Mönchstums geschildert hatte, kehrte er nicht, wie dreimal vorher, gleich nach Hause zurück, sondern setzte vergnügt seine Fahrt fort und ließ sich prächtig schmücken, wozu ihm die Götter den Viśvakarman, den Künstler der Götter, schickten. Als er endlich, entschlossen, Mönch zu werden, seinen Wagen wieder bestieg um heimzukehren, brachte ihm ein Bote die Nachricht, daß ihm ein Sohn geboren sei. Da sprach er nach der Nidānakathā die vielleicht historischen Worte: „Ein Rāhula[1]) ist geboren, eine Fessel ist geboren." Als Suddhodana diese Worte gemeldet wurden, bestimmte er, daß sein Enkel Rāhula heißen sollte. In seinen Palast zurückgekehrt, legte der Prinz sich in sein Bett. Da kamen schöne Tänzerinnen, die mit Gesang und Tanz ihn erfreuen wollten. Aber der Prinz war schon dagegen abgehärtet; er schlief bald ein, und auch die Tänzerinnen legten sich zur Ruhe, als sie sahen, daß ihre Künste vergeblich waren. Mitten in der Nacht erwachte der Prinz und sah die schlafenden Tänzerinnen. Ihre Musikinstrumente waren ihnen entfallen; Speichel floß ihnen aus dem Munde; ihre Glieder waren von Müdigkeit schlaff; einige knirschten mit den Zähnen; andere schnarchten; einige redeten im Traume; einige lagen mit geöffnetem Munde da; anderen waren die Kleider entfallen, und sie zeigten häßliche Gebrechen. Da wurde in ihm der Ekel gegen die sinnlichen Genüsse noch verstärkt. Sein Schlafgemach, das in seinem prächtigen Schmucke der Wohnung des Götterkönigs Indra glich, kam ihm wie ein Kirchhof voll entstellter Leichen vor. Er beschloß, noch an diesem Tage „das große Scheiden" auszuführen. Der Wagenlenker erhielt den Befehl, den treuen Hengst Kanthaka zu satteln, der, merkend was vorgeht, so laut vor Freude wieherte, daß die ganze Stadt es gehört hätte, wenn die Götter nicht den Schall gedämpft hätten. Der Prinz konnte aber nicht scheiden, ohne seinen Sohn gesehen zu haben. Als er das Schlafgemach seiner Frau betrat, sah er, wie diese auf blumenüberstreutem Lager schlief, indem sie ihre Hand auf den Kopf des Kindes gelegt hatte. Da dachte er: „Wenn ich die Hand der Prinzessin entferne, um das Kind zu nehmen, so wird sie erwachen, und das wird ein Hindernis für meinen Weggang sein. Ich werde wiederkommen und meinen Sohn sehen, wenn ich Buddha geworden bin." Damit schied er.

Die jüngere Legende hat, wie man sieht, mit unleugbarer Kunst alles hervorgesucht, was einem Alltagsmenschen das Scheiden aus gewohnten Verhältnissen schwer machen muß. Sie

---

[1]) Die Bedeutung dieses Wortes ist unbekannt. Eine späte, nordbuddhistische Legende bringt es in Verbindung mit Rāhu, einem Dämon, dem man die Sonnen- und Mondfinsternisse zuschreibt.

hat dadurch Buddhas Festigkeit in helles Licht gerückt. Die nördliche Überlieferung weicht von der südlichen in einigen Punkten ab; im ganzen aber ist Übereinstimmung vorhanden.

Es wird dann weiter geschildert, auf wie wunderbare Weise der Prinz mit seinem Wagenlenker aus der festverschlossenen Stadt hinauskam. Nach einem gewaltigen Ritte von 30 Stunden durch drei Königreiche kam er an das Ufer des Flusses Anavamā (Pali Anomā). Hier schor er sein Haar ab, und der Erzengel Ghaṭīkāra brachte ihm die acht Gegenstände, die der Mönch allein besitzen darf: drei Kleider, einen Gürtel, den Bettelnapf, ein Schermesser, eine Nadel und ein Sieb zum Filtrieren des Wassers. Der Wagenlenker wurde mit dem Rosse entlassen. Das Roß konnte aber die Trennung nicht ertragen. Sein Herz brach, und es wurde als Engel im Himmel wiedergeboren. Der Prinz war nun allein in der Einsamkeit.

So der Buddha der Legende. Wenden wir uns nun wieder zu dem geschichtlichen Buddha zurück! Als er, angeekelt von den Lüsten der Welt, in die Heimatlosigkeit gegangen war, suchte er zunächst Lehrer, die ihm den Weg zur Erlösung weisen könnten. Zuerst ging er zu Ālāra Kālāma (bei den nördlichen Buddhisten Ārāḍa oder Arāḍa Kālāma genannt), dann zu Uddaka Rāmaputta (bei den nördlichen Buddhisten Udraka Rāmaputra oder Rudraka Rāmaputra). Aber ihre Lehre befriedigte ihn nicht. Was sie ihm mitteilen konnten, hatte er bald gelernt. Ālāra bot ihm an, er solle mit ihm gemeinsam die Schule leiten; Uddaka wollte ihm sogar die Leitung ganz abtreten. Aber Buddha lehnte nach kurzer Zeit beides ab. Die beiden Lehrer sind historische Persönlichkeiten, und es ist für Buddha von größter Wichtigkeit gewesen, daß er gerade diese Männer zuerst zu Lehrern gehabt hat. Beide waren Anhänger der Yogaphilosophie des Patañjali, die eine theistisch weitergebildete Form der atheistischen Sāmkhyaphilosophie des Kapila ist. Der Hauptunterschied beider Systeme, die fast alle Grundbegriffe gemeinsam haben, ist der, daß der Yoga die Technik der Kontemplation und den Wert äußerer Hilfsmittel, wie strenge Askese, in den Vordergrund stellt und die Forderung eines streng sittlichen Lebens betont, während das Sāmkhya ausschließlich die abstrakte Theorie der richtigen Erkenntnis hervorhebt. Buddha hat, wie wir sehen werden, aus beiden Systemen eine ganze Anzahl von Begriffen in seine Lehre hinübergenommen, sich auch nie ganz von seinen Lehrern getrennt, da er ihnen zuerst seine neugewonnene Erkenntnis mitteilen wollte. Mit den aus der Yogaphilosophie entnommenen Anschauungen hängen auch die nächsten Schritte zusammen, die Buddha tat, nachdem er sich von seinen Lehrern getrennt hatte. Er zog ruhelos im Lande Magadha umher, bis er zu dem Flecken Uruvelā oder Urubilvā am Flusse Nerañjarā oder Nairañjanā gelangte, dem heutigen Buddha Gaya, südlich von Patna. Die schöne, friedliche Lage des Ortes zog ihn so an, daß er dort zu bleiben beschloß. In den Wäldern von Uruvelā soll er sich den strengsten Kasteiungen unterzogen haben. Aber diese brachten ihm nicht die gewünschte Erleuchtung. Da ging er noch weiter. Er enthielt sich gänzlich der Nahrung, hielt den Atem an und konzentrierte seine Gedanken auf einen Punkt. Fünf Einsiedler, die seine Ausdauer bewunderten, hielten sich in seiner Nähe auf, um seine Schüler zu werden, wenn ihm die Erleuchtung käme. Aber trotz aller Askese und Kontemplation, über die alte und junge Texte ausführlich berichten, kam die Erleuchtung nicht. Als er eines Tages, in Gedanken versunken, langsam auf und ab ging, fiel er entkräftet zu Boden. Die fünf Einsiedler glaubten, er sei tot. Aber noch einmal erholte er sich, erkannte aber nun, daß ihm durch Buße und Kasteiung nie die richtige Erkenntnis kommen werde. So gab er sie auf und nahm wieder reichlich Nahrung zu sich, um seinen völlig entkräfteten Körper zu stärken. Da verließen ihn die fünf Einsiedler und gingen nach Benares. Er blieb wieder ganz allein. Endlich nach sieben Jahren vergeblichen Suchens und Ringens kam ihm in einer Nacht, als er unter einem Feigenbaume saß, die sehnlichst erwünschte Erleuchtung. Er schritt von einer Stufe der Erkenntnis zur anderen; er erkannte die Irrwege der Seelenwanderung, die Ursachen des Leidens in der Welt und den Weg, der zur Vernichtung des Leidens führt. In dieser Nacht wurde aus dem Prinzen Siddhārtha der Buddha oder Sambuddha, „der Erwachte", „der Erleuchtete". Von ihr an rechnen die Buddhisten die Laufbahn ihres Meisters. Buddha selbst soll, als er die Erleuchtung erlangt hatte, die Worte gesprochen haben, die in einem der schönsten und ältesten buddhistischen Werke, dem Dhammapada, eine Stelle gefunden haben: „Den Kreislauf vieler Geburten habe ich ruhelos durchlaufen, den Bildner des Hauses[1]) suchend.

---

[1]) d. h. die Ursache der Wiedergeburt.

Schlimm ist die ewige Wiedergeburt. Bildner des Hauses, du bist erschaut; du wirst kein Haus mehr bauen. Deine Balken sind gebrochen, und des Hauses Dach vernichtet. Das Herz, frei geworden, hat alle Begierden getilgt". Diese hochberühmten Verse spiegeln sehr klar wieder, was Buddha vor allem erreichen wollte: Befreiung von den Begierden und damit Befreiung von der Wiedergeburt. Der Feigenbaum, unter dem Buddha die Erleuchtung erlangte, wurde als „Baum der Erleuchtung" (Sanskrit bodhivṛkṣa, Pali bodhirukkha) ein Gegenstand der heiligsten Verehrung der Buddhisten, und sie glaubten, daß derselbe Baum an derselben Stelle sich ununterbrochen erhalten hatte. In der Tat stand in der Nähe von Buddha Gaya ein uralter Feigenbaum (ficus religiosa), der sehr verfallen war, bis ihn 1876 ein Sturm vernichtete. Er muß sehr oft erneuert worden sein, da er wenigstens dreißig Fuß über der Höhe der Umgebung stand. Ein Zweig von ihm wurde um die Mitte des 3. Jahrhunderts vor Chr. nach Ceylon gebracht und bei Anurādhapura gepflanzt, wo er zu einem Baum wuchs, der noch heute steht.

Über die Zeit nach der Erleuchtung haben wir einen zusammenhängenden Bericht in einem alten Werke des Vinayapiṭaka, dem Mahāvagga, in schöner, altertümlicher Sprache. Dort wird berichtet, daß der Heilige, nachdem er Buddha geworden war, sieben Tage lang ununterbrochen mit übereinandergeschlagenen Beinen am Fuße des Baumes der Erkenntnis saß, „die Seligkeit der Erlösung genießend". Während der Nacht nach Ablauf der sieben Tage ließ er dreimal die ganze Reihe der Verkettungen von Ursachen und Wirkungen, die das Leiden in der Welt hervorrufen, an seinem Geiste vorübergehen. Dann verließ er die Stätte unter dem Baume der Erkenntnis und ging zu dem „Baume des Ziegenhirten". Hier verweilte er weitere sieben Tage. Eine gewiß jüngere, aber immerhin noch ziemlich alte Quelle, das Mahāparinibbānasutta, fügt hier eine Versuchungsgeschichte des Buddha durch Māra, den buddhistischen Teufel, ein, die der Text Buddha selbst erzählen läßt. Māra forderte Buddha auf, in das Nirvāṇa einzugehen, d. h. zu sterben, was Buddha ablehnte, weil er erst Schüler ziehen und seine Lehre verbreiten müsse. Der Text schließt gleich daran eine zweite Versuchungsgeschichte, die sich drei Monate vor Buddhas Tode ereignet haben soll. Māra weist Buddha darauf hin, daß jetzt alles eingetreten sei, was er früher gewünscht, und daß er nun sterben möge. Buddha erwidert ihm, es werde in drei Monaten geschehen. Der Sinn der ersten Versuchungsgeschichte wird ganz klar durch die ältesten Texte. An ihrer Stelle lassen sie den Buddha zweifeln, ob er seine Erkenntnis für sich behalten, oder den Menschen lehren solle. Nichts anderes liegt in der Versuchungsgeschichte. In dieser ihrer ältesten Form hat sie gar keine Berührungspunkte mit der Versuchung Jesu, wohl aber in der jüngeren Gestalt. Die jüngere südliche Tradition läßt Buddha schon vorher zweimal versucht werden. Als er auf seinem Hengste mit dem Wagenlenker die Stadt verließ, trat nach der südlichen Quelle Māra zu ihm und suchte ihn zur Umkehr zu bewegen, indem er ihm in Aussicht stellte, in sieben Tagen werde ihm die Herrschaft über die ganze Erde zuteil werden. Als Buddha ihn abwies, sagte Māra: „Von heut an werde ich jedesmal, wenn du an mich denkst, die Gedanken sinnlicher Lust, von Haß und Grausamkeit in dir erwecken", und seit diesem Augenblicke lauerte er auf eine passende Gelegenheit, während er dem Buddha wie sein Schatten folgte. In den nördlichen Texten ist hier der Versucher nicht Māra, sondern der Wagenlenker, der Buddha die Weltherrschaft in den herrlichsten Farben malt. Dies entspricht gewiß dem zweiten Teile der Versuchungsgeschichte Jesu, wo der Teufel ihm alle Reiche der Welt und ihre Herrlichkeit anbietet. Aber auch der erste Teil, in dem der Versucher Jesus auffordert, die Steine in Brot zu verwandeln, hat seine Parallele. In dem schon erwähnten alten Suttanipāta wird erzählt, daß, als Buddha in den Wäldern von Uruvelā von Kasteiung und Hunger entkräftet war, der Versucher zu ihm trat und zu ihm sprach: „Du bist mager, entstellt, der Tod ist dir nahe. Tausend Teile von dir gehören dem Tode, nur ein Teil dem Leben. Es ist besser, Herr, zu leben; lebend kannst du gute Werke tun". Buddha weist ihn ab und zählt auf, was die neun Heere des Māra sind, mit denen er die Menschen angreift: Wollust, Unzufriedenheit, Hunger und Durst, Verlangen, Faulheit und Untätigkeit, Feigheit, Zweifel, Heuchelei und Dummheit, Ruhmsucht und Hochmut. „Dein Heer, das Menschen und Götter nicht besiegen können, werde ich mit dem Verstande zerbrechen, wie man einen irdenen Topf zerbricht. Ich werde mein Denken zügeln und meinen Geist festigen und von Königreich zu Königreich wandern, Jünger bildend". Da sagte Māra: „Sieben Jahre lang folgte ich dem Erhabenen Schritt für Schritt, und ich fand kein Fehl an dem völlig Erwachten, Erleuchteten. Wie eine Krähe, die umsonst einen Felsen umkreist, wollen wir von Gautama weggehen". Traurig ging er weg, und die Saiten seiner Laute rissen.

In dieser alten Fassung ist noch deutlich ausgesprochen, wer Māra ist, und was seine Heere sind. Die spätere Zeit hat die bildliche Redeweise der alten Texte wörtlich gefaßt und konkrete Gestalten geschaffen. In der Nidānakathā und dem Lalitavistara wird erzählt, daß Māra zu Buddha kam, auf seinem Elefanten reitend, der anderthalbhundert Meilen maß, begleitet von einem unabsehbaren Heere von Teufeln, das sich zur rechten und linken Hand von Māra zwölf Meilen, über ihm neun Meilen und hinter ihm bis zum äußersten Horizont ausdehnte. Das Heer wird ausführlich geschildert; es war furchtbar bewaffnet und so schauderhaft, daß alle Götter flüchteten. Zum Angriff schickte Māra wütende Stürme, eine Sintflut, einen Regen von Steinen, von Schwertern, Messern, Spießen, von heißer Asche usw. Alles umsonst. Die Steine wurden zu Blumenkränzen, die Asche zu Sandelpulver usw. Ebenso sind alle Angriffe des Heeres umsonst. Buddha weist sie ab, und Māra flieht mit seinem Heere. Der Angriff ist oft abgebildet worden. Da Māra mit Gewalt nichts ausrichten konnte, griff er zur Versuchung. Er schickte seine drei Töchter ab, um Buddha zu verführen. Aber Buddha achtete nicht auf das was sie sagten, sah sie gar nicht an und blieb in beschauliche Betrachtung versunken. Da gingen die Mädchen enttäuscht zu ihrem Vater zurück.

Überblickt man nun diese verschiedenen Versuchungsgeschichten, so tritt die Ähnlichkeit mit der Versuchungsgeschichte Jesu hervor, aber auch der Unterschied. Als gemeinsam bleibt das Anerbieten der Weltherrschaft und die Aufforderung zum Essen. Alles andere, der buddhistischen Fassung eigene, fehlt der biblischen Erzählung. Ist nun Entlehnung anzunehmen? Seydel bejaht diese Frage unbedingt, und die Versuchungsgeschichte ist einer seiner Hauptbeweise. Auch van den Bergh, der noch eine Reihe kleinerer, gemeinsamer Züge hervorhebt, ist geneigt, indischen Einfluß anzunehmen, namentlich wegen des Anbietens der Weltherrschaft, das für Jesu kein Gegenstand der Versuchung sein konnte. Windisch und Oldenberg dagegen lehnen jeden Zusammenhang ab und sehen in den Geschichten selbständige Parallelen.

Das scheint auch mir wahrscheinlicher. Die beiden Züge, in denen sich die buddhistische und die christliche Erzählung berühren, erklären sich ungezwungen aus der ganz gleichen Lage, in der sich beide Religionsstifter befinden. Beide bereiten sich in der Einsamkeit auf ihren Lehrerberuf vor und beide glauben das Ziel am besten erreichen zu können durch Kasteiungen und Fasten. Christus lehrte: „Mein Reich ist nicht von dieser Welt" und im Dhammapada heißt es: „Besser als die Alleinherrschaft über die Erde, besser als die Herrschaft über alle Welten, ist der erste Schritt zur Heiligkeit". Beide Religionen kennen ein böses Prinzip, das sie sich verkörpert als Teufel denken. Was liegt näher, als daß man dem Hungernden durch den Teufel Nahrung anbieten, dem die Welt Verachtenden die Herrschaft über die Welt antragen läßt? Das ist so durchaus natürlich und menschlich, daß es sehr wohl zweimal an verschiedenen Orten unabhängig voneinander entstanden sein kann. Eine Versuchung findet sich auch im Parsismus. Zoroaster hat nach dem Avesta ähnliche Angriffe des Ahriman und seiner bösen Geister auszustehen, wie Buddha, und als er sie abschlägt, sagt Ahriman zu ihm: „Entsage dem guten mazdayasnischen Gesetze, so wirst du alle Gnade erhalten, die Vadhaghana erhalten hat, der Herr der Völker." Näheres ist leider darüber nicht bekannt.

Die alten buddhistischen Texte erzählen dann, daß zu Buddha, als er unter dem „Baume des Ziegenhirten" saß, ein hochmütiger Brahmane kam, der ihn nach den charakteristischen Eigenschaften eines Brahmanen fragte, die Buddha ihm angab; wie den Buddha der Schlangenkönig Mucalinda vor einem sieben Tage dauernden Unwetter schützte, indem er sich siebenmal in Windungen um seinen Leib schlang; wie Buddha dann zum „Baume des Königssitzes" ging und dort seine ersten beiden Bekenner gewann, die Kaufleute Tapussa (bei den nördlichen Trapuṣa und Trapuṣa) und Bhallika, die auf Veranlassung einer Gottheit sich zu ihm wandten und ihm Nahrung reichten. Diese alten Berichte sind ganz märchenhaft gehalten. Nach sieben Tagen ging Buddha zurück zum „Baume des Ziegenhirten" und hier stiegen ihm Zweifel auf, ob er seine Erkenntnis der Welt mitteilen solle; er fürchtete, daß sie den Menschen unverständlich sein würde. Die Legende läßt den Gott Brahman seine Zweifel besiegen. Auf sein Andrängen macht er sich auf, um zu predigen. Er dachte zuerst an seine beiden Lehrer. Aber eine Gottheit belehrte ihn, daß Āḷāra vor einer Woche, Uddaka am Abend vorher gestorben sei. Da erinnerte er sich an die fünf Mönche, die früher in Uruvelā bei ihm gewesen waren und ihn dann verlassen hatten. Sie hielten sich damals im Tierpark Ṛṣipatana (Pali Isipatana) bei Benares auf. Dahin richtete Buddha seine Schritte. Die Mönche wollten anfangs nichts von ihm wissen; allmählich aber wandten sie sich ihm zu und hörten auf seine Worte. Die Tradition läßt Buddha hier zum ersten Male predigen, und diese Predigt von Benares, wo Buddha zuerst „das Rad der Lehre in Bewegung setzte", ist unter den Buddhisten hochberühmt. Sie lautet in wörtlicher Übersetzung: „Zwei Extreme gibt es, ihr Mönche, denen nicht fröhnen darf, wer aus dem weltlichen Leben getreten ist. Welche zwei? Das eine ist eine Hingabe an den Genuß der Lüste; die ist niedrig, gewöhnlich, gemein, unedel, zwecklos. Das andere ist eine Hingabe an Selbstpeinigung; die ist schmerzlich, unedel, zwecklos. Ohne in diese beiden Extreme zu verfallen, ihr Mönche, hat der Vollendete einen Mittelweg gefunden, der die Augen öffnet, der den Verstand öffnet, der zur Ruhe, zur Erkenntnis, zur Erleuchtung, zum Nirvāṇa führt. Und was, ihr Mönche, ist dieser Mittelweg, den der Vollendete gefunden hat, der die Augen öffnet, der den Verstand öffnet, der zur Ruhe, zur Erkenntnis, zur Erleuchtung, zum Nirvāṇa führt? Es ist dieser edle, achtgliebrige Weg, nämlich rechter Glaube, rechtes Sichentschließen, rechtes Wort, rechte Tat, rechtes Leben, rechtes Sichbemühen, rechtes Gedenken, rechtes Sichversenken. Das, ihr Mönche, ist der Mittelweg, den der Vollendete gefunden hat, der die Augen öffnet, der den Verstand öffnet, der zur Ruhe, zur Erkenntnis, zur Erleuchtung, zum Nirvāṇa führt. Dies, ihr Mönche, ist die edle Wahrheit vom Leiden: Geburt ist Leiden, Alter ist Leiden, Krankheit ist Leiden, Tod ist Leiden, Vereinigung mit Unliebem ist Leiden, Trennung von Liebem ist Leiden, Gewünschtes nicht erlangen ist Leiden, kurz, die fünf Elemente, die das Haften am Dasein bewirken, sind Leiden. Dies, ihr Mönche, ist die edle Wahrheit von der Entstehung des Leidens: Es ist dieser Durst, der die Wiedergeburt bewirkt, der von Freude und Verlangen begleitet ist, der hier und dort seine Freude findet, wie der Durst nach Lüsten, der Durst nach (ewigem) Leben, der Durst nach (ewigem) Tode. Dies, ihr Mönche, ist die edle Wahrheit von der Aufhebung des Leidens: Es ist das völlige Freisein von diesem Durst, sein

Aufgeben, Fahrenlassen, Ablegen, Verbannen. Dies, ihr Mönche, ist die edle Wahrheit von dem Wege, der zur Aufhebung des Leidens führt: Es ist dieser edle, achtgliedrige Weg, nämlich: rechter Glaube, rechtes Sichentschließen, rechtes Wort, rechte Tat, rechtes Leben, rechtes Sichbemühen, rechtes Gedenken, rechtes Sichversenken. „Das ist die edle Wahrheit vom Leiden", so, ihr Mönche, ging mir über diese Begriffe, von denen man vorher nichts gehört hatte, das Auge auf, ging mir der Verstand auf, ging mir die Einsicht auf, ging mir das Wissen auf, ging mir der Blick auf. „Diese edle Wahrheit vom Leiden muß man verstehen", so, ihr Mönche, ging mir über diese Begriffe usw. (wie vorher). „Diese edle Wahrheit vom Leiden habe ich verstanden", so, ihr Mönche, ging mir über diese Begriffe usw. (wie vorher). (Über die drei andern edlen Wahrheiten wird nun mit den gebotenen Veränderungen genau dasselbe gesagt). Und so lange ich, ihr Mönche, die dreifach geteilte, zwölffache[1]), wahrhaftige Erkenntnis und Einsicht in diese vier edlen Wahrheiten nicht ganz klar besaß, da wußte ich noch nicht, ihr Mönche, daß ich die höchste vollständige Erkenntnis erlangt hatte in der Welt der Götter, des Māra, des Brahman, unter den Wesen, einschließlich Asketen und Brahmanen, Götter und Menschen. Und seitdem ich, ihr Mönche, die dreifach geteilte, zwölffache, wahrhaftige Erkenntnis und Einsicht in diese vier edlen Wahrheiten ganz klar besitze, seitdem weiß ich, ihr Mönche, daß ich die höchste vollständige Erkenntnis erlangt habe in der Welt der Götter, des Māra, des Brahman, unter den Wesen, einschließlich Asketen und Brahmanen, Götter und Menschen. Und mir ging die Erkenntnis und Einsicht auf: Unerschütterlich ist die Erlösung meines Herzens; das ist meine letzte Geburt; es gibt keine Wiedergeburt mehr (für mich)".

Daß die Tradition die Predigt von Benares dem Wortlaute und Inhalte nach getreu wiedergegeben hat, können wir daraus schließen, daß die nördliche Überlieferung im Mahāvastu und Lalitavistara mit der südlichen im Pāli-Kanon fast genau übereinstimmt. Die Predigt führt uns gleich mitten hinein in die Gedankenwelt Buddhas und zeigt uns, worauf er das Hauptgewicht legte: auf die Erlösung vom Leiden und damit die Ver-

---

[1]) Die drei Teile oder Stufen der Erkenntnis bei jeder der vier Wahrheiten, zusammen also zwölf, sind: „das ist die edle Wahrheit", „diese edle Wahrheit muß man verstehen", „diese edle Wahrheit habe ich verstanden".

nichtung der Wiedergeburt. Sie zeigt uns auch die scholastische und umständliche Art, in der Buddha zu den Mönchen sprach und verrät deutlich den Einfluß seiner Lehrer in der pedantischen, zahlenmäßigen Aufzählung des „achtgliedrigen Weges", der „fünf Elemente", der „dreifach geteilten, zwölffachen Erkenntnis". Das war eine Haupteigentümlichkeit der Sāmkhyaphilosophie, nach der sie ihren Namen Sāmkhya, „die aufzählende Philosophie" (von samkhyā, „Zahl"), bekommen hat.

Die fünf Mönche wurden seine ersten Jünger. Sie sind bei den südlichen Buddhisten unter dem Namen der Pañcavaggiyā, „die Gruppe der fünf bildend", bei den nördlichen als Bhadravargīyās, „die schöne Gruppe bildend", berühmt. Der erste Laie, der sich nach ihnen zur Lehre Buddhas bekannte, war ein junger Mann, Yaśas, der Sohn eines reichen Gildemeisters. Seine Eltern, seine Frau und zahlreiche Freunde folgten seinem Beispiel, so daß die Gemeinde schnell auf sechzig Mitglieder wuchs. Buddha sandte sofort Jünger auf die Wanderschaft, um die Lehre zu verkündigen, und zwar mit den stehenden Worten: „Ziehet aus, ihr Jünger, und wandert, zum Heile für viele Menschen, aus Erbarmen für die Welt, zum Segen, zum Heile, zur Freude für Götter und Menschen". Er wies sie an, nie zu zweien denselben Weg zu gehen, damit die Lehre desto schneller verbreitet werde. Von Anfang an hat sich der Buddhismus als missionierende Religion erwiesen, und diesem Umstande hat er seine schnelle Ausbreitung vor allem zu danken. Buddha selbst ging nach Uruvelā, wo er tausend Brahmanen bekehrte, an deren Spitze drei Brüder aus der Familie der Kāśyapa (Pali Kassapa) standen. Der Bekehrung lassen schon die alten Texte große Wunder, und zwar 3500, vorausgehen, die Buddha verrichtet. Vor seinen tausend Mönchen hielt Buddha dann auf dem Berge Gayāśīrṣa (Pali Gayāsīsa) eine zweite Predigt, die man „die buddhistische Bergpredigt" genannt hat. Sie hat außer dem Orte nichts mit der Bergpredigt Jesu gemein, ist aber, wie die Predigt von Benares, für Buddhas Ausdrucksweise und Endziel sehr charakteristisch. Sie lautet: „Alles, ihr Mönche, steht in Flammen. Und was alles, ihr Mönche, steht in Flammen? Das Auge, ihr Mönche, steht in Flammen; die wahrnehmbaren Dinge stehen in Flammen; die geistigen Eindrücke, die das Auge hervorruft, stehen in Flammen; die körperliche Berührung, die das Auge hervorruft, steht in Flammen; die daraus entstehende Empfindung steht in Flammen, mag sie angenehm oder schmerzlich, oder weder angenehm noch schmerzlich sein, sie steht in Flammen. Und durch welches Feuer ist alles entflammt? Wahrlich, ich sage euch: durch das Feuer der Lust, das Feuer des Hasses, das Feuer der Unwissenheit, durch Geburt, Alter, Tod, Kummer, Jammer, Schmerz, Traurigkeit, Verzweiflung ist es entflammt. Das Ohr, ihr Mönche, steht in Flammen und die Töne, die Nase und die Gerüche, die Zunge und die Geschmäcke, der Leib und die Berührungen, der Geist und die Eindrücke stehen in Flammen. (Im Original wird von allen hier genannten Körperteilen und dem Geist genau dasselbe ausgesagt, wie vom Auge.)... Wenn ein Hörer, ihr Mönche, der in der Schrift erfahren ist und auf dem edlen Pfade wandelt, dies erwägt, so wird er des Auges überdrüssig, der sichtbaren Dinge überdrüssig, der geistigen und leiblichen Eindrücke überdrüssig, der daraus entstehenden Empfindung überdrüssig, mag sie angenehm oder schmerzlich, oder weder angenehm noch schmerzlich sein. (Im Original wird dasselbe von Ohr, Nase, Zunge, Leib, Geist wiederholt.) Wenn er ihrer überdrüssig ist, wird er von Leidenschaft befreit und durch Befreiung von der Leidenschaft wird er erlöst. Wenn er erlöst ist, so erkennt er, daß er erlöst ist, und es wird ihm klar, daß die Wiedergeburt zu Ende, die Heiligung vollendet ist, daß er seine Pflicht getan, und daß es für ihn keine Rückkehr zu dieser Welt mehr gibt."

Von Uruvela zog Buddha nach Rājagrha. Die jüngeren Texte hatten ihn schon einmal dahin ziehen lassen, bald nachdem er zuerst das geistliche Gewand angelegt hatte. Seine ungewöhnliche Erscheinung hatte damals schon die Aufmerksamkeit des Königs Bimbisāra erregt, der Buddha alles anbot, worüber er verfügte, nach den nördlichen Quellen sogar die Hälfte seines Königreichs. Aber Buddha hatte alles abgelehnt, dagegen dem Könige versprochen, daß er sein Reich zuerst besuchen werde, wenn er Buddha geworden sei. Der in den alten Texten geschilderte Besuch wäre danach die Einlösung eines früher gegebenen Versprechens. Bimbisāra bekehrte sich mit einer großen Zahl seiner Untertanen zu Buddha und blieb während seines ganzen Lebens ein treuer Freund und Beschützer Buddhas. Er lud damals Buddha für den nächsten Tag zum Mittagessen ein, worein dieser durch Schweigen willigte. Bei dem Essen setzte

Bimbisāra ihm die feinsten Gerichte vor und bediente ihn selbst. Am Ende der Mahlzeit machte er ihm einen großen Park, das Veḷuvana, „Schilfrohrhain", zum Geschenk, den der Meister annahm. Dort pflegte Buddha sich fortan aufzuhalten, wenn er nach Rājagṛha kam, und dort haben sich daher viele Ereignisse in seinem Leben abgespielt.

In Rājagṛha gewann sich Buddha damals auch die beiden Jünger, die später nächst ihm selbst die erste Rolle in der Gemeinde spielen sollten, Śāriputra (Pali Sāriputta) und Maudgalyāyana (Pali Möggallāna). Beide waren Schüler des Bettelmönches Samjaya und eng befreundet. Sie hatten sich das Versprechen gegeben, daß, wer zuerst die Erlösung vom Tode erlange, dies dem andern sagen solle. Einst sah Śāriputra einen Jünger des Buddha, den Aśvajit (Pali Assaji; bei den nördlichen Aśvakin), einen aus der Gruppe der fünf, durch die Straßen von Rājagṛha wandern. Sein Wesen imponierte ihm so, daß er ihn nach seinem Meister und dessen Lehre fragte. Aśvajit erklärte ihm, er sei noch ein Neuling und könne ihm die Lehre nicht in ihrem vollen Umfange mitteilen, sondern nur ihren kurzen Sinn. Śāriputra ist damit zufrieden, und Aśvajit spricht die berühmten Worte: „Die Daseinsformen, die eine Ursache haben, deren Ursache hat der Vollendete verkündet, und was ihre Vernichtung ist. So lehrt der große Asket".

Śāriputra verstand sofort den Sinn. Es ging ihm der reine, fleckenlose Blick des Gesetzes auf, und er erkannte: „Alles, was dem Entstehen unterworfen ist, ist auch dem Vergehen unterworfen", und er sagte zu Aśvajit: „Wenn die Lehre auch nichts weiter ist als dies, so hast du die Stätte erreicht, wo es kein Leid gibt, die seit vielen Myriaden von Weltaltern unsichtbar und verschwunden war". Er ging zu Maudgalyāyana, und auch dieser erfaßte sofort den tiefen Inhalt der Worte. Vergeblich versuchte ihr Lehrer Samjaya sie zu halten. Sie gingen mit vielen andern ihrer Mitschüler zu Buddha, der sofort, wie er ihrer ansichtig, wird, erklärt, daß sie sein erstes und bestes Jüngerpaar werden würden. Samjaya aber bekam vor Ärger einen Blutsturz.

Die Worte, die Aśvajit dem Śāriputra als Kern der Lehre des Buddha mitteilt, sind bis auf den heutigen Tag das Credo der Buddhisten des Südens und Nordens, wo sie im Wortlaut zuweilen unbedeutend schwanken. Sie finden sich oft in Büchern und auf Inschriften. Ihr Sinn ist: Der Vollendete (so übersetzt man gewöhnlich das Wort Tathāgata, mit dem der Buddha selbst sich gern bezeichnet) hat erkannt, was die Ursachen der Daseinsformen, d. h. aller Wiedergeburten, sind und wie sie vernichtet werden können. Das ist in der Tat der Kern der Lehre Buddhas.

Es wird in den alten Texten weiter erzählt, daß damals sehr viele edle und angesehene Jünglinge sich Buddha anschlossen und in den geistlichen Stand traten. Da wurde das Volk unwillig und beschuldigte Buddha, er sei gekommen, um Kinderlosigkeit, Witwentum und Untergang der edlen Geschlechter zu bringen. Wenn das Volk buddhistische Mönche sah, schalt es sie und rief ihnen den Vers zu: „Gekommen ist der große Asket nach Girivraja, der Stadt der Magadher; alle Schüler des Samjaya hat er bekehrt; wen wird er wohl heut bekehren?" Als die Jünger dies Buddha meldeten, beruhigte er sie. In sieben Tagen werde das Gerede verstummen, wenn sie auf den Vers mit einem andern Verse antworteten: „Die großen Helden, die Vollendeten, bekehren durch ihre treffliche Lehre. Wer will den Kundigen zürnen, wenn sie durch ihre Lehre bekehren?" In der Tat beruhigte sich das Volk auf diese Worte hin. In dieser Erzählung dürfen wir wohl einen historischen Vorgang sehen. Die Verse machen einen volkstümlichen Eindruck.

Damit bricht leider die alte Tradition vom Leben Buddhas ab, um erst wieder kurz vor seinem Tode zu beginnen. Die jüngere weiß mehr zu berichten. Ich will das Wichtigste hervorheben, da manches darunter geschichtliche Wahrheit sein kann. Ausführlich wird berichtet, wie Buddha auf Wunsch seines Vaters seine Heimatstadt Kapilavastu besuchte, wobei viele Wunder geschahen. Historisch kann in der Erzählung sein, daß die adelsstolzen Sakyas von ihrem Verwandten, der als Bettelmönch auftrat, nicht sehr erbaut waren. Sie erwiesen ihm anfänglich keine Ehre, und niemand lud ihn zum Mittagessen ein. Als er am folgenden Tage mit seinen Mönchen betteln ging, zeigte sich niemand, der ihm Speise gab. Sein Vater machte ihm die bittersten Vorwürfe, daß er ihm die Schande antäte, als Bettler umherzugehen. Buddha beruhigte ihn aber, und Suddhodana erreichte schließlich die höchste Stufe der Heiligkeit. Damals sah Buddha auch seine Frau wieder, der er als Buddha noch besser gefiel wie als Prinz, ebenso seinen Sohn Rahula, den die Mutter schickte, um von Buddha sein Erbteil zu fordern. Buddha ließ den Rāhula, der damals sieben Jahre alt war, durch Sāriputra in den Orden aufnehmen, was Suddhodana sehr mißbilligte. Buddha tat dies offenbar, um seinen Sohn um sich zu haben, eine Schwäche im Sinne seiner Lehre, ein schöner Zug vom rein menschlichen Standpunkte aus. Ferner nahm Buddha damals seinen Stiefbruder Nanda als Mönch auf, sehr zur Betrübnis von dessen Braut. Darauf wandte er sich wieder zurück nach Rājagṛha. Auf dem Wege dorthin, im Mangohaine von Anūpiya, wo er früher seinen Wagenlenker zurückgeschickt hatte, erhielt der Überlieferung nach seine Gemeinde eine sehr wichtige Vermehrung. Dort soll es gewesen sein, daß seine Vettern Ānanda und Devadatta, sowie Anuruddha und Upāli in den Orden aufgenommen wurden. Ānanda scheint zunächst dem Buddha nur als Begleiter gefolgt zu sein, ohne Mönch zu werden. Die jüngere Tradition sagt ausdrücklich, daß er erst im zwanzigsten Jahre der Lehrtätigkeit Buddhas von diesem fest angestellt wurde, und das stimmt zu ten alten Texten. In einem alten Werke, den Theragāthā, „Lieder der Ältesten", sagt Ānanda selbst von sich, daß er erst 25 Jahre vor Buddhas Tode die Mönchsweihe empfangen habe. Das ist aber das zwanzigste Jahr der Lehrtätigkeit Buddhas. Aus dieser und ähnlichen Angaben ersieht man, daß der jüngeren Tradition nicht ohne weiteres jede Glaubwürdigkeit abzusprechen ist, da sie offenbar oft auf ältere Quellen direkt zurückgeht. Ānanda hat man den Johannes, Devadatta den Judas Ischarioth des Buddhismus genannt. Ānanda war der Lieblingsjünger Buddhas. Buddha hatte ihn stets um sich und starb in seinen Armen. Die Tradition berichtet von Ānanda, daß er das Meiste gehört und das Gehörte am besten behalten habe. Er selbst sagt in ihm zugeschriebenen Versen: „25 Jahre habe ich dem Herrn gedient mit Liebe, mit Herzen, Mund und Händen, nicht weichend von ihm, wie sein Schatten." Anuruddha gilt für den Begründer und Hauptkenner des Abhidharma, der Metaphysik, Upāli soll den Hauptanteil an dem Vinaya, der kirchlichen Disziplin, gehabt haben. Vor seiner Bekehrung war Upāli Barbier der Sākyas, bei denen er eine familiäre Stellung einnahm. Devadatta ist der Verräter Buddhas. Sein Verrat fand erst statt, als Buddha bereits das siebzigste Lebensjahr überschritten hatte; doch sei gleich hier alles Nötige erwähnt. Die Nachrichten über ihn sind teilweise reich mit Wundern durchzogen und märchenhaft gehalten. Die jüngere Tradition läßt ihn schon auf Buddha neidisch sein, als dieser in einem Turnier die übrigen Prinzen überwand. Neid und Haß sollen seitdem in seinem Herzen nicht erloschen sein. Als Buddha seine Bitte, ihn an die Spitze der Gemeinde zu stellen und damit zu seinem Nachfolger zu erklären, zurückgewiesen hatte, kam sein Haß zum offenen Ausbruch. Damals schritt Ajātaśatru dazu, seinen Vater Bimbisāra zu entthronen. Mit ihm im Bunde wollte Devadatta gleichzeitig Buddha umbringen. Ajātaśatru erreichte auch seinen Zweck. Er warf seinen Vater in einen Turm, in dem er ihn hungern und die Füße mit einem glühenden Eisen brennen ließ, eine Mißhandlung, an deren Folgen Bimbisāra starb. Alle Versuche aber, die Devadatta machte, um Buddha zu morden, scheiterten, nach den Quellen natürlich durch die Wunderkraft des Buddha. Devadatta hat aber dem Meister weniger durch seine Verfolgungen geschadet, als dadurch, daß er Uneinigkeit in die Gemeinde brachte. Der Bericht darüber darf um so mehr als historisch gelten, als es nach dem Zeugnis der chinesischen Pilger noch im siebenten Jahrhundert nach Chr. faktisch in Indien Mönche gab, die der Regel des Devadatta folgten. Devadatta suchte eine strengere, asketische Richtung zur Geltung zu bringen, indem er forderte, die Mönche sollten nur im Walde leben und nie in ein Dorf gehen, nur von Almosen leben und jede Einladung ablehnen, sich nur in Lumpen kleiden, nur an den Wurzeln der Bäume ohne schützendes Dach leben, nie Fleisch und Fische essen. Wer dagegen fehle, solle aus der Gemeinde ausgestoßen werden. Buddha schlug ihm diese Forderungen ab. Es gelang aber Devadatta mit Hilfe des Mönches Kokālika 500 Mönche abtrünnig zu machen. Nach den älteren buddhistischen Texten war sein Erfolg freilich nur von kurzer Dauer. Sāriputra und Maudgalyāyana gingen ihm nach, und als Devadatta schlief, predigten sie den Abtrünnigen die reine Lehre und bewirkten dadurch, daß alle außer Kokālika wieder zu Buddha zurückkehrten. Als aber Devadatta von seinem Mitschuldigen aufgeweckt wurde und erfuhr, was geschehen war, da stürzte ihm ein Strom heißen Blutes aus dem Munde. Nach einer jüngeren Quelle war Devadatta danach neun Monate lang krank und faßte deshalb den Entschluß, Buddha um Verzeihung zu bitten. Seine Schüler trugen ihn in einer Sänfte zu Buddha, der ihn aber nicht sehen wollte, weil seine Sünden so groß seien, daß ihm zehn, hundert, ja tausend Buddhas nicht helfen könnten. Devadatta hatte aber so große Sehnsucht nach dem Herrn, daß er aus der Sänfte sprang. Ehe er aber noch den Erdboden berührte, schlugen Flammen aus der tiefsten Hölle hervor und umhüllten seinen Leib. In seiner Angst rief er um Hilfe und sagte ein Loblied auf Buddha her. Das half ihm aber nur für die Zukunft. Zunächst fuhr er zur Hölle und erhielt einen 1600 Meilen langen glühenden Leib. Man beachte, daß die jüngere Quelle hier ehrlicher ist als die ältere. Nach der älteren kehrten alle Mönche zurück, nach der jüngeren bringen Schüler den Devadatta zu Buddha. Nur das letzte stimmt zu der Tatsache, daß es noch im siebenten Jahrhundert nach Chr. Mönche von der Regel des Devadatta gab.

Das Leben des Buddha verfloß sonst im allgemeinen ganz gleichförmig. Er zog im Lande umher, überall seine Lehre verkündigend und Anhänger werbend. Das indische Klima legte ihm aber eine Beschränkung auf. Um die Mitte des Juni beginnt in Hindustan die Regenzeit, die bis Oktober dauert. Der Südwest-Monsun, der zuerst die Küste Malabar im Dekhan im Mai erreicht, bringt von dort allmählich in das Tiefland Indiens vor und bringt gewaltige Gewitter mit starken Regengüssen mit sich. Das ist die Zeit für die Erfrischung von Mensch und Tier. Die ausgedörrte Erde treibt neues Grün; üppig sprießen in unglaublich kurzer Zeit die Kräuter hervor; in Wald und Feld wird es lebendig. Während aber die Natur arbeitet, muß der Mensch ruhen. Die Erde ist so aufgeweicht, daß es auf weite Strecken hin unmöglich ist zu gehen. Die Kaufleute kehren mit ihren Karavanen nach Hause zurück; Handel und Wandel ist unterbrochen. Die indischen Dichter schildern gerade die Regenzeit mit Vorliebe, da sie die getrennten Liebenden vereint. So wurde die Regenzeit auch für Buddha und seine Jünger eine Zeit der Ruhe, um so mehr, als der Mönch bei seiner Wanderung auf Schritt und Tritt Keime der Pflanzen und Insekten zertreten und damit eine schwere Sünde auf sich geladen hätte. Buddha war daher genötigt, mit seinen Jüngern alljährlich „die Regenzeit zu halten". Man lebte in Hütten oder geschlossenen Hallen, Vihāras genannt, in den Hainen, die der Gemeinde geschenkt worden waren, Buddha selbst meist in der Nähe der Hauptstädte, bei Rājagṛha im Veḷuvana und bei

Śrāvastī im Jetavana, „dem Haine des Jeta". Das Jetavana war ein Geschenk des reichsten und freigebigsten unter den Verehrern Buddhas, des bei den Buddhisten hoch gefeierten Kaufmanns Anāthapiṇḍika, von den nördlichen meist Anāthapiṇḍada genannt. Die Legende erzählt, daß der Prinz Jeta den Hain nicht verkaufen wollte, Anāthapiṇḍika aber ihm so viel Gold dafür bot, als nötig wäre, um damit den ganzen Erdboden bis zu den äußersten Enden des Haines zu bedecken. Die dazu nötige Summe betrug nach der Nidānakathā 180 Millionen Goldstücke, die der Kaufmann erlegte. Die Szene ist abgebildet auf dem großen Stūpa von Bharhut und trägt die Unterschrift: „Anāthapiṇḍika schenkt das Jetavana, nachdem er es durch Bedeckung mit Koṭis[1]) (von Goldstücken) gekauft hat." In das Jetavana werden noch mehr Predigten und Unterredungen des Buddha verlegt als in das Veluvana; es war vor allen sein Lieblingsaufenthalt. Weitaus die meisten buddhistischen Sūtra beginnen: „So habe ich gehört. Einst weilte der Herr in Śrāvastī, im Jetavana, dem Parke des Anāthapiṇḍika." In diese Haine strömte das Volk, um Buddhas Predigten zu hören und um ihn und die Mönche mit Kleidung und Lebensmitteln zu versorgen. Dieser Gebrauch des „Regenzeithaltens" hat sich in der südlichen Kirche bis auf den heutigen Tag erhalten, obgleich in Ceylon die Bedingungen ganz andere sind, und die Mönche längst ihr Wanderleben aufgegeben haben und beständig in wohlgebauten Klöstern wohnen. Zur Zeit des alten „Regenzeithaltens" verlassen sie ihre Klöster und leben in Hütten, die die Bauern ihnen errichten. Hier halten sie öffentlichen Gottesdienst ab, an dem jeder teilnehmen kann. Es ist dies das große religiöse Fest für ganz Ceylon und fällt in die schönste Zeit des Jahres. Die Bauern erbauen unter Palmen einen überdachten, aber an allen Seiten offenen Altan, der mit hellen Tüchern und Blumen geschmückt wird. Um ihn sitzen sie in ihren besten Kleidern, Betel kauend, die ganze helle Mondscheinnacht hindurch und lauschen den Erzählungen von Buddha und seiner Kirche, die ihnen die Mönche vortragen. Besonders werden Geschichten aus dem Jātakabuche, den Vorgeburtslegenden Buddhas, erzählt. Über dem Ganzen schwebt der Geist der Ruhe und des Friedens, und in diesen Tagen erweist sich der Buddhismus als eine Religion für Herz und Gemüt.

---

[1]) Eine Koṭi ist = 10 Millionen.

Das Publikum, das zu Buddha kam, war natürlich ein sehr gemischtes. Buddha nahm Einladungen zum Mahl bei den Ärmsten und Geringsten ebenso an, wie bei Reichen und Fürsten. Es ist schon erwähnt worden, daß sich in Vaiśālī die jungen Licchavis mit der Hetäre Ambapālī um die Ehre der Einladung stritten, und daß die Hetäre siegte. Diese Einladungen unterbrachen allein die Einförmigkeit des Lebens. Fehlten sie, so ging Buddha, wie der geringste Mönch, mit seiner Schale von Haus zu Haus und wartete mit gesenktem Blick und schweigend, bis ihm jemand die Schale füllte. Der Morgen wurde in geistlichen Übungen verbracht; nach dem Bettelgange folgte die Mittagsruhe; abends kamen die Laien zum Vihāra und Buddha spendete ihnen bis spät in die Nacht Trost und Belehrung. Was die jüngeren Quellen über die einzelnen Lebensjahre Buddhas berichten, sind meist Bekehrungsgeschichten. Im fünften Jahre seiner Lehrtätigkeit soll sein Vater Śuddhodana, 97 Jahre alt, gestorben sein. Der Tod hatte sehr wichtige Folgen. Buddhas Stiefmutter Mahāprajāpatī war über den Tod ihres Gemahls untröstlich. Sie ging zu Buddha und bat ihn, er möge auch den Frauen gestatten, Mitglieder des Ordens zu werden. Buddha schlug ihr die Bitte dreimal ab. Aber Mahāprajāpatī gab nicht nach. Sie ließ sich zusammen mit 500 anderen Frauen aus der Familie der Śākyas die Haare schneiden und machte sich zu Fuß auf die Reise nach Vaiśālī, dem Meister nach. Bestaubt und mit geschwollenen Füßen stand sie weinend an der Tür des Zimmers Buddhas, als Ānanda sie sah. Auf ihre Bitte trug er Buddha ihr Anliegen vor. Doch Buddha schlug es auch diesmal ab. Ānanda schwieg zunächst. Aber bei gegebener Gelegenheit erinnerte er Buddha an alle Wohltaten, die er von Mahāprajāpatī erfahren, und es gelang ihm auch wirklich, Buddha zu überreden. Aber Buddha stellte acht später näher zu besprechende Bedingungen, denen jede Frau sich unterwerfen müsse. Mahāprajāpatī und ihre Begleiterinnen taten dies mit Freuden. Damit war der Nonnenorden gegründet. Buddha verhehlte sich aber nicht, daß er schwach gewesen sei und einen Schritt getan habe, der der Kirche nicht zum Heile gereichen werde. Er prophezeite, wie erwähnt (S. 1), daß seine Lehre statt 1000, jetzt nur 500 Jahre bestehen werde. Dies hängt zusammen mit der geringen Meinung, die Buddha, ebenso wie sein Konkurrent Mahāvīra, von den Frauen hatte. Die buddhistischen Schriften sind voll von abschätzigen Urteilen über die Frauen und von Warnungen vor ihnen. Die Frauen werden als „die vollständige Fessel Māras" bezeichnet; es heißt von ihnen: „Wenn sie eine günstige Gelegenheit oder einen heimlichen Ort oder einen passenden Verführer fänden, so würden alle Frauen sündigen, sogar mit einem Krüppel, wenn sie keinen andern finden." Oder: „Alle Flüsse gehen in Krümmungen, alle Wälder bestehen aus Holz; alle Frauen würden sündigen, wenn sie es ungestraft tun könnten." Sie werden als das größte Hindernis für die Erreichung des Nirvaṇa bezeichnet, und die Gläubigen werden ermahnt, sich nicht durch das schöne Äußere blenden zu lassen. Besonders die Mönche werden vor ihnen gewarnt: „O Mönche, seht die Weiber nicht an! Begegnet ihr einem Weibe, so seht es nicht an, habt acht und sprecht nicht mit ihm. Sprecht ihr mit ihm, so denkt: ‚ich bin ein Mönch; ich muß in der verderbten Welt leben wie ein vom Schlamme nicht befleckter Lotos'. Eine alte Frau müßt ihr als eure Mutter, eine euch nur wenig an Alter überlegene als ältere Schwester, eine jüngere als jüngere Schwester betrachten." Das Zusammensein und Sprechen mit Frauen konnten die Mönche um so weniger vermeiden, als es meist Frauen waren, die ihnen den Betteltopf mit Nahrung füllten. Buddha hatte alle Vorsichtsmaßregeln getroffen. Dem Mönche war es vorgeschrieben in das Haus zu treten, mit dem Obergewande umhüllt, den Blick gesenkt. Er durfte nicht lange verweilen. Schweigend soll er warten, ob ihm etwas gegeben wird; geschieht es, so soll er den Topf hinreichen und, ohne der Geberin ins Gesicht zu sehen, empfangen, was sie ihm gibt. Dann umhüllt er den Topf mit dem Obergewand und entfernt sich langsam und schweigend. Buddha hatte aber vergessen, daß, wenn auch der Mönch den Blick senkt und schweigt, dies die Frau nicht zu tun pflegt. So traten Versuchungen oft an die Mönche heran. Einst, so wird erzählt, betrat ein junger, auffallend schöner Mönch das Haus eines Kaufmanns und wurde von dessen junger Frau erblickt, die sich in seine schönen Augen verliebte. Sie sprach zu ihm: „Weshalb hast du dieses häßliche Gelübde auf dich genommen? Glücklich ist die Frau, die mit solchen Augen angesehen wird, wie du sie hast." Da riß der Mönch sich ein Auge aus, nahm es in die Hand und sprach zu ihr: „Mutter, sieh, so ist es, ein häßliches, blutiges Stück Fleisch; nimm es,

wenn es dir beliebt. Ebenso ist auch das zweite. Sage, was
ist daran schön?" Eine ähnliche Geschichte wird von der Nonne
Subhā erzählt, der ein Mann im Walde Liebesanträge machte.
Als sie Buddha ansah, erstand ihr das ausgerissene Auge in
alter Schönheit wieder. Oft genug sind aber die Mönche auch
den Versuchungen unterlegen, wie dies die Texte zugestehen.
Buddha selbst wurde zweimal von jungen Nonnen feindlicher
Sekten auf Anstiften derselben verleumdet. Seine Unschuld kam
aber glänzend an den Tag.

Wie neben den Mönchen die Laienbrüder (Upāsaka), so
standen neben den Nonnen die Laienschwestern (Upāsikā).
Unter ihnen ragt hervor „die große Laienschwester" Viśākhā
Sie war die Tochter eines sehr reichen Mannes in Ayodhyā
(heute Oudh) und heiratete nach Śrāvastī den Sohn eines
Ministers des Königs Prasenajit. Nicht weit von Śrāvastī ließ
sie mit enormen Kosten für die buddhistische Geistlichkeit ein
Prachtgebäude aufführen den Pūrvārāma (Pali Pubbārāma),
„Östlicher Garten", der oft genannt wird. Sie war reich mit
Kindern und Enkeln gesegnet und in Śrāvastī hoch angesehen.
Während ihres Lebens lieferte sie der Gemeinde acht Dinge:
Regenmäntel, den Nonnen Badematel, seit sie einmal gesehen
hatte, daß junge Nonnen, die zusammen mit Hetären nackt
badeten, von diesen verhöhnt wurden, den fremden, ankommenden
Mönchen Nahrung, ebenso den durchreisenden, den kranken
Brüdern und den Krankenpflegern; ferner reichte sie den Kranken
Arznei und verteilte täglich Spenden von Reisbrei. Viśākhā
ist das weibliche Gegenstück zu Anāthapiṇḍika.

Im neunten Jahre der Lehrtätigkeit Buddhas brach in der
Gemeinde ein ernstlicher Zwiespalt aus. Als der Meister in
Kauśāmbī weilte, machte sich einer der Mönche einer Übertretung
schuldig. Die Regel verlangte, daß der Schuldige sein
Vergehen öffentlich bekannte. Als der Mönch sich weigerte,
wurde er von der Gegenpartei in den Bann getan. Da er aber
beliebt war, fand er bald zahlreiche Anhänger, die ihn für unschuldig
erklärten und die Aufhebung des Bannes verlangten.
Vergebens suchte Buddha den Streit zu schlichten. Die beiden
Parteien höhnten und schimpften, ja prügelten einander, so daß
die Laien daran Anstoß nahmen. Einer der Mönche war sogar
so unverschämt, zu Buddha zu sagen: „Geh doch fort, du erhabener
Herr und Lehrmeister; überlasse dich, erhabener Herr,

frei von Sorgen, aufmerksam deinen Betrachtungen über die Lehre; wir werden mit unserem Zank, Streit, Gezänk und Haber schon gut vorwärts kommen". Buddha bezwang sich, stand auf und ging fort. Am folgenden Tage berief er, als er von seinem Bettelgange zurückkam, eine Versammlung der Mönche und rezitierte, in ihrer Mitte stehend, eine Anzahl Verse, die z. T. jetzt im Dhammapada stehen. Er begann mit dem Verse: „Laut ist der Lärm, den gewöhnliche Menschen machen. Niemand hält sich für einen Toren, wenn in der Kirche ein Zwiespalt entsteht, noch hält er jemanden für höher als sich selbst", und er endete: „Findet man keinen klugen Freund, keinen Gefährten, der recht lebt, keinen beständigen, so soll man allein wandeln, wie ein König, der sein verlorenes Reich verläßt, wie ein Elefant im Elefantenwalde. Es ist besser, allein zu wandeln; mit einem Toren gibt es keine Gemeinschaft. Man wandle allein, tue keine Sünde, frei von Sorgen, wie ein Elefant im Elefantenwalde." Darauf verließ er die Mönche und nach kurzer Rast unterwegs bei treuen Jüngern, deren Liebe ihn tröstete, zog er nach Pārilĕyyaka, wo er sich nach den unruhigen Tagen von Kauśāmbī in einer einsamen Grotte der Ruhe erfreute. Der Legende nach kam dort ein Elefant zu ihm, der sich von seiner Herde getrennt hatte, und bediente ihn. In der Einsamkeit brachte er die zehnte Regenzeit zu und wanderte dann nach dem Jetavana. Inzwischen waren die aufrührerischen Mönche in Kauśāmbī von den Laien zur Ruhe gebracht worden, indem sie ihnen nichts zu essen gaben und ihnen keine Ehrerbietung bewiesen. Sie baten Buddha um Verzeihung, die er ihnen gewährte, nachdem er den Schuldigen eine Buße auferlegt hatte. Das Ereignis, das im wesentlichen historisch sein wird, zeigt, daß schon bei Lebzeiten Buddhas vor Devadattas Abfall Uneinigkeit in der Gemeinde herrschte. Nach seinem Tode traten die Unzufriedenen noch offener hervor. Es wird überliefert, daß Mahākāśyapa die Nachricht von dem Tode des Herrn nach einer Woche von einem Mitgliede der Sekte der Ājīvika (S. 68) erhielt, als er mit seinen 500 Mönchen sich von Pāvā nach Kuśinagara begab. Einige von den Mönchen, die noch nicht frei von Leidenschaft waren, hoben die Arme empor und weinten laut, warfen sich auf die Erde, wälzten sich hin und her und riefen: „Zu früh ist der Heilige gestorben, zu früh ist der Vollendete gestorben, zu früh ist das Licht in der Welt erloschen!"

Andere aber, die frei von Leidenschaft waren, sagten gefaßt: „Alles, was geworden, geht zugrunde; wie wäre es anders möglich." Unter den Mönchen des Mahākāsyapa befand sich auch ein gewisser Subhadra, der erst in hohem Alter Mönch geworden war und nicht verwechselt werden darf mit dem gleichnamigen „letzten persönlichen Jünger des Herrn" (S. 44). Dieser Subhadra sprach zu den Mönchen: „Hört auf, ihr Brüder, mit Klagen und Jammern! Wir sind den großen Asketen glücklich losgeworden. Er quälte uns, indem er sagte: ,das schickt sich für euch, das schickt sich für euch nicht'. Jetzt werden wir tun, was uns beliebt, und was uns nicht beliebt, das werden wir nicht tun." Solche Vorfälle machen erklärlich, daß sich die Gemeinde später so schnell spaltete, zugleich zeigen sie aber auch die Treue der Überlieferung.

In das elfte Jahr der Lehrtätigkeit fällt die Bekehrung des Brahmanen Bharadvāja, der zum Unterschiede von vielen andern seines Namens nach seiner Beschäftigung auch Kṛṣi-Bharadvāja (Pali Kasi-Bharadvāja) „Ackerbau-Bharadvāja" genannt wird. Die Bekehrungsgeschichte ist charakteristisch für eine bestimmte Form der Belehrung, die Buddha wählte, die durch Gleichnisse. Sie findet sich in dem schon mehrmals erwähnten alten Suttanipāta und lautet in Übersetzung: „So habe ich gehört. Einst weilte der Herr in Magadha in Dakṣiṇa-giri in dem Brahmanendorf Ekanāḷā. Und zu dieser Zeit wurden des Brahmanen Kṛṣibharadvāja 500 Pflüge angespannt zur Zeit des Säens. Da legte der Herr am Morgen seine Kleidung an, nahm seine Bettelschale und seine Gewänder und ging zu dem Platze, wo die Arbeit des Brahmanen Kṛṣibharadvāja stattfand. Als nun die Zeit der Speiseverteilung kam, begab sich der Herr dorthin und stand seitwärts. Da sah ihn der Brahmane K. dastehen, um Almosen zu erhalten und sprach zu ihm: „Ich, o Asket, pflüge und säe, und nachdem ich gepflügt und gesät habe, esse ich. Auch du, o Asket, solltest pflügen und säen, und essen, nachdem du gepflügt und gesät hast". „Auch ich, o Brahmane, pflüge und säe, und esse, nachdem ich gepflügt und gesät habe." „Wir sehen aber bei dir, o Gautama, weder ein Joch, noch einen Pflug, noch eine Pflugschar, noch einen Treibstock, noch Ochsen." Da sprach der Herr: „Glaube ist die Saat (die ich säe), Selbstbezwingung der Regen (der sie befruchtet), Wissen ist mein Joch und mein Pflug, Bescheidenheit ist mein Pflugsterz, Verstand die Spannstange, Nachdenken meine Pflugschar und mein Treibstock. Ich bin rein an Körper und Geist, mäßig im Genuß; ich spreche die Wahrheit, um das Unkraut (der Lüge) zu vernichten; Mitleid ist meine Ausspannung. Anstrengung ist mein Zugvieh, das mich zum Nirvāṇa bringt; es geht, ohne sich umzuwenden, nach dem Orte, wo es kein Leid mehr gibt. So ist mein Pflügen, und seine Frucht ist die Unsterblichkeit; wer so pflügt, wird frei von allem Leid." Da schüttete der Brahmane Kṛṣibharadvāja Milchreis in eine goldene Schale, reichte sie dem Herrn und sprach: „Iß, o Gautama, den Milchreis. Ja, du bist ein Pflüger; denn du, o Gautama, vollführst ein Pflügen, das als Frucht die Unsterblichkeit trägt."

Von sonstigen Bekehrungsgeschichten werden noch aus dem sechzehnten Jahr die Bekehrung eines menschenfressenden Riesen, aus dem neunzehnten die eines Jägers, der Buddha töten will, weil er ein Stück Wild aus der Schlinge befreit hatte, aus dem zwanzigsten die des berüchtigten Räubers Aṅgulimāla erwähnt, der in den Theragāthā mit eigenen Versen erscheint.

Im zwanzigsten Jahre wurde, wie erwähnt, Ānanda zu Buddhas persönlichem Begleiter ernannt. Mit diesem Jahre schweigt die südliche Tradition ungefähr vierundzwanzig Jahre ganz. Wohl weiß sie noch von einzelnen Ereignissen zu berichten, aber eine chronologische Reihenfolge wird nicht mehr innegehalten. Die nördliche Tradition verlegt ins sechsundzwanzigste Jahr den Abfall des Devadatta und drei Jahre vor dem Tode des Buddha die Zerstörung von Kapilavastu. So wenig wir über diese vierundzwanzig Jahre, die in stiller Gleichförmigkeit verflossen sein werden, wissen, um so ausführlicher ist der Bericht über die letzten drei Monate von Buddhas Leben. Er findet sich in dem Mahāparinibbānasutta des Dīghanikāya, einem alten, in wundervoller Sprache geschriebenem Texte. Es wird dort erzählt, daß Buddha einen Krieg des Königs Ajātaśatru mit den Vṛjjis von Vaiśālī verhinderte, indem er dem Abgesandten des Königs dringend abriet, Krieg anzufangen. Nach einigen unwichtigeren Ereignissen zog er dann nach Pāṭaligrāma, das eben von Ajātaśatru befestigt und zur Stadt Pāṭaliputra erhoben wurde. Buddha prophezeite die zukünftige Größe der Stadt. Von hier zog er nach Vaiśālī, wo die schon erwähnte Begegnung mit Ambapālī und den Licchavis stattfand. Von Vaiśālī ging er nach dem nahe gelegenen Dorfe Beluva, wo er die Regenzeit zubrachte. Es sollte die letzte seines Lebens sein. Er wurde in Beluva schwerkrank. Noch einmal erholte er sich so, daß er weiter wandern konnte. Auf dem Wege nach Kusinagara, der Hauptstadt der Mallas, kam er nach dem Dorfe Pāvā, wo er einer Einladung des Schmiedes Cunda folgte, der ihm fettes Schweinefleisch vorsetzte. Das wurde die Ursache zu Buddhas Tode. Nach dem Genusse des Fleisches trat die Krankheit heftiger auf, und müde und elend zog Buddha nach Kusinagara. In einem Gehölz ließ er sich von Ānanda ein Lager unter einem blühenden Salabaume bereiten und erwartete dort den Tod. Ānanda weinte bitterlich. Da tröstete ihn Buddha, indem er sagte: „Laß es genug sein, o Ānanda, bekümmere dich nicht, klage nicht. Habe ich dir, o Ānanda, nicht gesagt, daß man von allem Lieben und Angenehmen scheiden, sich trennen, es entbehren muß. Wie ist es, o Ānanda, möglich, daß das, was geboren, geworden, zusammengesetzt, dem Vergehen unterworfen ist, daß das nicht zugrunde ginge? Das kommt nicht vor. Du, o Ānanda, hast dem Vollendeten lange gedient, mit Liebe und Mühe, mit Nutzen und Heil, ohne Falsch und ohne Aufhören, mit Herzen, Mund und Händen. Du hast Gutes getan, o Ānanda; gib dir Mühe; bald wirst du frei von Sünde sein." Dann redete Buddha noch die Jünger an und schickte den Ānanda nach Kusinagara, um den Mallas seinen bevorstehenden Tod zu melden. Diese waren eben in Geschäften auf dem Rathaus versammelt, unterbrachen aber die Sitzung, zogen weinend und klagend mit Frauen und Kindern zu Buddha und brachten ihm ihre Verehrung dar. Als letzter bekehrte sich noch ein andersgläubiger Mönch Subhadra (Pali Subhadda), der „letzte, persönliche Jünger des Herrn". Zu Ānanda sprach dann Buddha noch: „Es könnte sein, o Ānanda, daß euch der Gedanke käme, die Lehre hat ihren Meister verloren, es gibt keinen Meister mehr. So dürft ihr, o Ānanda, die Sache nicht ansehen. Das Gesetz und die Disziplin, die ich gelehrt und verkündet habe, die ist nach meinem Hinscheiden euer Meister." Er traf dann noch einige Anordnungen für die Zukunft, fragte die Mönche dreimal, ob noch irgend jemand einen Zweifel an der Lehre hätte, und als alle schwiegen, sagte er: „Wohlan, ihr Jünger, ich rede zu euch. Vergänglich ist alles, was da geworden. Sorgt eifrig für euer Heil!" Das waren seine letzten Worte. Dann wurde

Gefäße aus dem Grabe des Buddha (I. S. 45 ff.)

A.R.u.G. 109: Pischel, Leben und Lehre des Buddha.

er bewußtlos und verschied. Im Augenblicke seines Todes trat ein gewaltiges Erdbeben ein, und der Donner rollte.

Anuruddha hielt an die Mönche eine Ansprache, forderte sie auf, gefaßt zu sein und schickte den Ānanda zu den Mallas, die die vorher unterbrochenen Geschäfte auf dem Rathause fortsetzten. Bei der Todesnachricht wehklagten sie laut. Sie zogen zur Leiche, und sieben Tage lang ehrten sie den toten Meister mit Tanz, Gesang, Instrumentalmusik, Kränzen und Räucherwerk. Am siebenten Tage trugen acht der angesehensten Mallas die Leiche nach einem Heiligtum in der Nähe der Stadt Kuśinagara, und dort wurde sie mit den Ehren verbrannt, die man einem Weltbeherrscher zu erweisen pflegt. Die Überreste wurden durch den Brahmanen Droṇa an die verschiedenen Fürsten und Abligen verteilt. Einen Teil erhielten auch die Śākyas von Kapilavastu, die darüber einen Stūpa (Reliquienhügel) errichteten. Dieser ist 1898 von W. C. Peppé bei Piprāvā im Tarāī gefunden und geöffnet worden. Er zeichnete sich vor den andern dort befindlichen Stūpas durch seinen Umfang und seine auffallende Gestalt aus. Zehn Fuß von der Spitze entfernt fand sich eine kleine, zerbrochene Steatiturne, die voll Lehm war, in den Kügelchen, Kristalle, Goldschmuck, geschnittene Sterne u. dgl. eingebettet waren. Von da ab zog sich in die Tiefe hinab ein kreisrunder Schacht, der mit Lehm angefüllt und von Mauerwerk umschlossen war. Nachdem man achtzehn Fuß durch dieses feste Mauerwerk gegraben hatte, stieß man auf eine riesige Steinplatte, die sich bei weiterer Ausgrabung als der Deckel eines massiven Sandsteinkastens erwies. Der Deckel war durch den Druck des Mauerwerks in vier Teile zerbrochen, der Kasten aber trotzdem völlig geschlossen, da die Stücke durch die Art der Befestigung des Deckels fest zusammenhielten. Sie konnten ohne Beschädigung des Inhalts des Kastens entfernt werden. Der Kasten selbst war aus hartem, feinem Sandstein von hervorragender Güte, und mit gewaltiger Arbeit und großen Kosten aus einem massiven Felsblock ausgehöhlt, der von weit her hingeschafft worden sein muß, da in der Nähe sich ähnliches Gestein nicht findet. Im Innern des Kastens stand eine Steatiturne, die in alter Brāhmīschrift und in Māgadhī-Sprache die Inschrift zeigte: „Dieser Behälter der Reliquien des erhabenen Buddha aus dem Geschlechte der Śākyas ist die fromme Stiftung der Brüder samt den Schwestern, mit Kindern und Frauen". Unmittelbar rechts von dieser Urne stand eine prachtvolle Kristallbüchse, zu der ein Deckel gehörte, der hohl und mit gekörnten Sternen aus Blattgold angefüllt war. Der Griff des Deckels hat die Gestalt eines Fisches. Links von der Urne stand eine Vase, vor beiden ein flaches, korbartiges Kästchen mit Deckel, und links von der Vase eine zweite Steatiturne, die größer ist als die erste, aber keine Inschrift hat[1]). Alle diese Gefäße waren zur Hälfte angefüllt mit Zieraten aus Gold, Silber, Edelsteinen, Kristall, die die verschiedensten Formen aufwiesen, wie Sterne, Blumen, Figuren von Männern, Frauen, Vögeln, Elefanten u. dgl. Stücke aus Blattgold, in die die Figur eines Löwen und das mystische Zeichen des Svastika oder Hakenkreuzes eingeprägt war, das auf anderen Stücken auch allein steht. In geringerer Mannigfaltigkeit der Formen haben sich diese Zieraten auch in dem buddhistischen Stūpa in Bhaṭṭiprolu im Dekhan gefunden, wo auch drei Kristallbüchsen standen, die kleiner sind als die von Piprāvā, ihr aber in der Form gleichen. Fachmännische Untersuchung hat gezeigt, daß der Stūpa von Piprāvā vor 1898 nie geöffnet worden ist, so daß an der Echtheit der Reliquien Buddhas nicht gezweifelt werden kann.

Buddha starb im vierundvierzigsten Jahre seiner Lehrtätigkeit, achtzig Jahre alt. Über sein Todesjahr schwankten die Ansichten zwischen 543 und 368. Max Müller hat zuerst das Jahr 477 als das wahrscheinlichste berechnet, und das kann für so gut wie sicher gelten. Griechische und indische Angaben ergänzen und bestätigen einander.

---

[1]) Siehe Abbildung.

IV. Buddhas Stellung zu Staat und Kirche.

Seit wir die alten Quellen kennen, erscheint Buddha in einem ganz anderen Lichte als früher. Ich habe schon erwähnt, daß Buddha nicht der einzige Meister war, der als Erlöser auftrat, sondern daß uns die buddhistischen Texte neben ihm sechs berühmte Lehrer nennen, die alle von der alten brahmanischen Religion abwichen und Gründer eigener Sekten waren. Mögen auch die Berichte der Buddhisten über die großen Erfolge Buddhas weit übertrieben sein, so steht doch unzweifelhaft fest, daß er alle seine Rivalen in den Schatten stellte. Man hat lange seinen Erfolg vor allem darin finden wollen, daß er sehr energisch gegen die hochmütigen Brahmanen auftrat, daß er den seit alter Zeit im indischen Staate bestehenden Unterschied der vier Kasten, der Brāhmaṇa oder Priester, der Kṣatriya oder des Adels, der Vaiśya oder der Handel, Gewerbe und Ackerbau treibenden Bevölkerung, und der Śūdra, der rechtlosen Sklaven aller, verwarf und die Gleichheit aller Menschen predigte. Das war aber sehr irrig. Buddha ist kein sozialer Reformator gewesen. Allerdings verwirft er die Kasteneinteilung, aber nur so weit, als die Kaste ein Hindernis sein sollte, sein Jünger zu werden. Die Kasten als Staatsinstitution ließ er ganz unangetastet, wenn auch naturgemäß seine menschenfreundliche Gesinnung, das Wohlwollen gegen alle Wesen, das er predigte, günstig auf das Verhältnis der einzelnen Kasten untereinander einwirken mußte. Er lehrte: „Mein Gesetz ist ein Gesetz der Gnade für alle", und: „Da die Lehre, die ich vortrage, durchaus rein ist, so macht sie keinen Unterschied zwischen Vornehm und Gering, zwischen Reich und Arm." „Wie, ihr Mönche, die großen Ströme, wie die Gaṅgā, die Yamunā, die Aciravatī, die Sarayū, die Mahī, wenn sie den großen Ozean erreichen, ihren alten Namen und ihr altes Geschlecht verlieren und nur den einen Namen erhalten, „der große Ozean", so verlieren auch, ihr Mönche, die vier Kasten, die Kṣatriyas und Brāhmaṇas, die Vaiśyas und Śūdras, wenn sie nach dem Gesetze und der Disziplin, die der Vollendete verkündigt hat, aus der Heimat in die Heimatlosigkeit gehen, den alten Namen und das alte Geschlecht und erhalten nur den einen Namen „Asketen, die dem Śākyasohne anhängen (Pali: samaṇā Sakyaputtiyā)". In Wirklichkeit war der Kreis seiner nächsten Jünger vorwiegend aus den oberen Ständen zusammengesetzt. Ānanda und Devadatta waren aus seinem eigenen Geschlechte, also Adlige. Adlig war auch Anuruddha. Sāriputra und Maudgalyāyana waren Brahmanen, Rāhula Buddhas eigener Sohn. Aber daß Buddha keinen Unterschied machte, ist gewiß. Upāli war Barbier. Unter den Sthavira (Pali Thera), „den Ältesten", von denen uns Verse erhalten sind, die schon erwähnten Theragāthā, erscheint Angulimāla, der gefürchtete Räuber. Der Sthavira Sunīta sagt dort von sich: „Aus niedrigem Geschlechte bin ich geboren, arm und dürftig. Niedrig war meine Beschäftigung; ich räumte (verwelkte) Blumen aus (den Tempeln). Ich war verachtet von den Menschen, gering angesehen und gescholten. Demütig verbeugte ich mich vor vielen Menschen." Buddha nahm ihn in den Orden auf, und Sunīta erlangte durch Eifer die Erlösung. Da sprach Buddha zu ihm: „Durch heilige Glut und durch keuschen Wandel, durch Bezähmung und Selbstbezwingung, dadurch wird man zum Brahmanen; das ist das höchste Brahmanentum." Der Sthavira Śvapāka (Pali Sopāka) gehörte, seinem Namen „Hundekoch" nach zu schließen, vermutlich dem allerverachtetsten Stande derer an, die für die Hunde kochten. Der Mönch Svāti war Fischer, Nanda Kuhhirt gewesen. Ebenso bunt war die Gesellschaft der weiblichen Ältesten, der Sthavirī (Pali Therī). Vimalā war die Tochter einer Hetäre und hatte versucht, den Maudgalyāyana zu verführen. Ambapālī war selbst Hetäre gewesen; Pūrṇā war die Tochter einer Hausklavin des Anāthapiṇḍika, Cāpā die Tochter eines Jägers, dessen Stand in Indien für unrein galt, andere stammten aus armen Familien. Buddha und seine Jünger sahen es gern, wenn junge Leute aus vornehmen und reichen Häusern in den Orden traten, weil das diesem zu Ansehen und Nutzen gereichte. Aber im Orden selbst gab es keinen Unterschied des Standes mehr. Es heißt: „Wenn aus diesen vier Kasten einer ein Mönch wird, ein Heiliger wird, die Betörung zerstört hat, vollkommen und vollendet ist, die Last abgelegt hat, die das Haften an der Welt dem Menschen auflader, seinen Zweck erreicht hat, jedes Band mit dem Dasein gelöst hat und durch vollkommene Erkenntnis erlöst ist, dann ist er allen übergeordnet allein durch das Gesetz." „Nicht durch Geburt wird jemand ein Ausgestoßener, nicht durch Geburt wird jemand ein Brahmane; durch seine Taten wird man ein Ausgestoßener, durch seine Taten wird man ein Brahmane." Die Texte werden nicht müde, immer wieder und wieder hervorzuheben, was Buddha unter einem Brahmanen versteht. Buddha verwarf das ganze Opferwesen und jede Art der Kasteiung. Er hatte ja an sich selbst erfahren, daß Buße und Kasteiung nicht zur Erlösung führen. Im Suttanipāta lesen wir: „Weder Fischfleisch noch Fasten, weder Nackendgehn noch Tonsur, weder Haarflechten noch Schmutz, noch rohe Felle, noch Verehrung des Feuers, noch Bußübungen, noch Hymnen, noch Darbringungen, noch Opfer reinigen den Menschen, der nicht den Zweifel besiegt hat." Im Dhammapada handelt das ganze 26. Kapitel in 41 Versen von dem wahren Brahmanen. Unter anderem heißt es dort: „Niemand wird ein Brahmane durch sein geflochtenes Haar, seine Familie, seine Geburt. Wer Wahrhaftigkeit und Rechtschaffenheit besitzt, der ist selig, der ist ein Brahmane." „Was nützt dich dein geflochtenes Haar, du Tor, was die Kleidung aus Ziegenfellen? Dein Inneres ist unrein, das Äußere reinigst du." „Ich nenne niemanden einen Brahmanen seines Ursprungs oder seiner Mutter wegen, mag er auch stolz reden und reich sein. Den Armen, der frei ist von Begierden, den nenne ich einen Brahmanen." Große Abschnitte im Tripiṭaka sind ausschließlich der Widerlegung der Ansicht gewidmet, daß die Brahmanen etwas Besseres seien als die drei andern Kasten.

Das Vorhandensein der Kasten ist an und für sich für Buddha etwas Selbstverständliches. Er selbst fühlte sich, auch nachdem er Mönch geworden war, noch als Abliger und duldete nicht, daß man in seiner Gegenwart vom Adel gering sprach. Aber den ungerechtfertigten Ansprüchen der Abligen trat er ebenso scharf gegenüber, wie denen der Brahmanen, und jeder Unterschied der Kasten schwand für ihn, wenn es sich nicht um irdische Dinge handelte, sondern um überirdische. Und das war nichts ihm Eigenes und nichts Neues. Dieselbe Anschauung hatte vor ihm schon Kapila vertreten, der Gründer der

Sāmkhyaphilosophie. Bādarāyaṇa, der Gründer des Vedānta, des orthodoxen brahmanischen Systems, lehrt, daß nur die drei oberen Kasten zur Erlösung berufen seien. Im Gegensatz dazu lehrt das Sāmkhya, daß alle Menschen ohne Unterschied des Standes erlöst werden können, und daß jeder, der die richtige Erkenntnis gewonnen hat, auch andere zur richtigen Erkenntnis führen und damit erlösen kann. Der Vedānta lehrt, daß Opfer und andere fromme Werke zur Erlösung beitragen, macht also die äußere Werkheiligkeit auch für den nach Erlösung ringenden verbindlich. Das Sāmkhya dagegen widerrät ausdrücklich die Darbringung von Opfern und lehrt, daß selbst gute Werke die Erreichung der richtigen Erkenntnis nicht fördern, sondern hindern. Es legt gar kein Gewicht auf die Moral. Und das ist der große Unterschied zwischen ihm und dem Buddhismus. Buddha legte im Gegensatz dazu den größten Wert auf ein streng moralisches Leben und hat gerade diese Seite seiner Lehre bewundernswert ausgebildet. Und noch in einem andern Punkte unterscheidet sich der Buddhismus scharf vom Sāmkhya. Das Sāmkhya fordert Gleichgültigkeit gegen alle weltlichen Dinge. Die Beschäftigung mit ihnen lenke den Geist ab, und die Begierden würden nicht gestillt durch den Genuß. Das Sāmkhya forderte daher, daß der Erlösungsbedürftige allem weltlichen Treiben und Besitze entsage, und zwar freiwillig, da jeder Zwang Kummer erzeugt. Daher empfiehlt das Sāmkhya, die Einsamkeit aufzusuchen und jede menschliche Gesellschaft möglichst zu meiden, also der Gelegenheit aus dem Wege zu gehen, sich zu zerstreuen und neuen Begierden zu verfallen. Angestrengtes Nachdenken, Konzentration des Geistes ist zur richtigen Erkenntnis nötig. Der Yoga des Patañjali hat diese Lehre weiter ausgebildet. Er legt, wie schon erwähnt, das Hauptgewicht auf die geistige Versenkung und die körperliche Askese, und das jüngere Sāmkhya ist ihm gefolgt. Dadurch mußte diese Lehre notwendig auf einen engen Kreis Auserwählter beschränkt bleiben. Denn die ganze Maschine des menschlichen Daseins würde ins Stocken geraten, wenn ein großer Teil der Menschen diesen Anschauungen folgen wollte. Der Sāmkhya-Yoga blieb also ein philosophisches System für wenige Erlesene. Sein Rezept der Erlösung war für die große Masse unbrauchbar; es war eine Theorie, wie unzählige andere.

Ganz verschieden davon verfuhr Buddha. In den Wäldern

von Uruvelā hatte er nicht nur die Wertlosigkeit aller Askese erkannt, sondern auch, daß kein einzelnes philosophisches System zur Erlösung genügt, die Philosophie überhaupt kein Heilmittel für den Erlösungsuchenden ist. Dafür gibt es im Kanon viele Beweisstellen. Die am meisten charakteristischen finden sich im Suttanipāta (Vers 780 ff.). Dort wird ausgesprochen, daß es nicht leicht sei, sich unter den vielen Systemen das richtige auszuwählen. Der eine wähle sich bald dieses, bald jenes. Die Weisen aber bilden sich keine feste Ansicht, sie ziehen kein bestimmtes System vor, sie sagen nicht: „ich bin völlig klar;" nachdem sie den Knoten des Hängens (an der Welt) durchschnitten, verlangen sie nach nichts in der Welt mehr. Besonders interessant sind die Verse 885 ff., die ein Gespräch Buddhas mit einem gewissen Māgandiya enthalten. Māgandiya bietet dem Buddha seine schöne Tochter an, die Buddha sehr unhöflich zurückweist. Er habe kein Verlangen nach Beischlaf bekommen, als er die drei Töchter des Māra gesehen habe, wie viel weniger bei diesem mit Urin und Kot angefüllten Wesen; nicht einmal mit dem Fuße wünsche er es zu berühren. Māgandiya fragt ihn darauf, zu welchem Systeme er sich bekenne. Buddha antwortet, zu keinem, da er sie alle als erbärmlich erkannt habe. Was er lehre, sei innerer Friede, der durch kein philosophisches System, keine Tradition, kein Wissen erworben werde.

Die philosophische Begründung seiner Lehre war für Buddha nicht, wie für die anderen indischen Religionsstifter, die Hauptsache. Es kam ihm nicht darauf an, das, was er als richtig erkannt hatte, auch haarscharf logisch zu beweisen und in ein abgeschlossenes System zu bringen. Nicht die Form seines Denkens war ihm die Hauptsache, sondern der Inhalt. Mit Recht hat Walleser, der erste wissenschaftliche Bearbeiter der Philosophie des Buddhismus in ihrer geschichtlichen Entwickelung, bemerkt, „daß für Buddha die grundsätzliche Ablehnung aller metaphysischen Probleme geradezu charakteristisch sei, und daß im Buddhismus das Theoretische gegen das Praktische so sehr zurücktrete, daß eine absolute Indifferenz gegenüber allem Theoretischen die hervorstechendste Signatur des echten Buddhismus bilde." Walleser hebt ferner hervor, daß es Buddha auf Widersprüche theoretischer Art überhaupt nicht ankam, wenn nur der Hauptzweck erreicht wurde, sittlich einzuwirken und die Lebensführung günstig zu beeinflussen. Buddhas Lehre ist in erster Linie praktische Ethik, und er richtete sich bei seinem Vortrage ganz nach der Fassungskraft und dem Bildungsgrade der augenblicklichen Zuhörer.

So wenig Gewicht wie auf die scharfe logische Begründung seiner Lehre, legte Buddha auf den Glauben. Für die Brahmanen waren die Richtschnur ihres Lebens die heiligen Schriften, die Veden. Buddha verwirft den Glauben daran. Einst kam zu ihm ein junger Brahmane, Kāpaṭhika, aus dem Geschlechte des Bharadvāja, der, obwohl erst sechzehn Jahre alt und eben erst vom Lehrer entlassen, doch schon die drei Veden und die ganze Literatur der Brahmanen genau kannte. Er stellte an Buddha die Frage, was er wohl dazu meine, daß die Brahmanen behaupten, nur ihre alten Lieder, die wie ein Korb von Geschlecht zu Geschlecht als absolute Wahrheit weitergegeben würden, seien Wahrheit, alles andere Irrtum? Buddha fragte ihn darauf seinerseits, ob es wohl einen einzelnen Brahmanen gebe, der behaupte, nur das, was er wisse und kenne, sei Wahrheit, alles andere Irrtum? Als Kāpaṭhika dies verneinte, wiederholte Buddha die Frage in Bezug auf den Lehrer, den Lehrer des Lehrers bis hinauf zum siebenten Geschlecht und schließlich bis zu den Verfassern der Lieder des Veda selbst. Immer muß Kāpaṭhika antworten, daß auch diese wohl nicht nur das für Wahrheit gehalten hätten, was sie gerade allein wußten. Daraus zieht Buddha den Schluß, daß der Autoritätsglaube kein Glaube sei. „Es ist, wie wenn eine Reihe von Blinden einander an der Hand führen; der vorderste sieht nicht, der mitlere sieht nicht, der hinterste sieht nicht." Der Glaube der Brahmanen sei also ohne Wurzel. Buddha belehrte dann den Kāpaṭhika, daß man nicht bloß an dem festhalten müsse, was einem als Wahrheit gelehrt sei, sondern daß man es selbst als Wahrheit erkennen und es sich mit Arbeit und Mühe als Wahrheit aneignen müsse. Fragen, deren Beantwortung ihm als unmöglich oder zwecklos erschien, wies Buddha einfach ab. Der Mönch Māluṅkyāputra beklagte sich einmal, daß Buddha so wichtige Probleme nicht erörtert habe, wie, ob die Welt ewig oder nicht ewig, endlich oder unendlich sei, ob Seele und Leib identisch oder verschieden seien, ob der Vollendete nach dem Tode fortlebe oder nicht. Die Frage Buddhas, ob er ihm bei seiner Aufnahme in die Gemeinde versprochen habe, solche Fragen zu beantworten oder ob er, der Mönch, damals seine Aufnahme von der Beantwortung derselben abhängig gemacht habe, mußte Māluṅkyāputra verneinen. Da belehrte ihn Buddha mittels eines Gleichnisses, daß das Wissen von diesen Dingen nichts zur Erlösung beitrage; er solle daher das, was Buddha nicht erörtert habe, unerörtert lassen. Auch andern gegenüber hat Buddha die Beantwortung dieser Fragen stets abgelehnt.

Eigenartig ist auch die Stellung, die Buddha zu den Göttern des Volkes einnimmt. Buddha leugnet die Götter durchaus nicht. Es ist also ganz unrichtig, ihn Atheist zu nennen. Auch für die Buddhisten ist noch immer Indra, oder wie er gewöhnlich bei ihnen genannt wird, Śakra (Pali Sakka), der König der Götter, deren alte Zahl 33 beibehalten ist. Indra wacht über die Buddhisten ebenso wie über die brahmanischen Inder. Wenn einem Frommen Gefahr droht, oder einer eine besonders gute Tat beabsichtigt oder ausführt, so wird Indras Thron heiß; er muß aufstehen und sieht sich um, was auf Erden los ist. Wie im Brahmanismus statten ihm auch im Buddhismus Heilige im Himmel Besuche ab. Sehr oft erscheint Brahmā Sahampati mit einer Unmasse anderer Götter der Brahmawelt neben sich. Ja, wir erfahren aus den buddhistischen Schriften von viel mehr Arten von Göttern als aus den brahmanischen. Es werden genannt Prajāpati-Götter, Götter der vier großen Könige, Todesgötter, Götter des Tuṣita-Himmels, die Götter der unbegrenzten Freude, die glänzenden, die wonnigen, die sonnigen, die hehren, die strahlenden, die formlosen Götter, und viele andere. Es werden Erd-, Wald- und Baumgottheiten erwähnt. Viele Hunderttausende von Gottheiten begleiten den Buddha, um ihn predigen zu hören. Es gibt Geister aller Arten und schreckliche Höllen in großer Zahl. Aber die Götter haben im Buddhismus doch viel von ihrem alten Glanze eingebüßt. Gott sein, heißt für Buddha nur, eine höhere Stufe der Existenz, eine bessere Daseinsform erlangt haben. Auch Indra ist zu seiner Herrlichkeit nur gekommen, weil er früher Gutes getan hat. Ein buddhistischer Text läßt ihn Buddha besuchen und sich von diesem belehren, warum ein Mönch der beste unter Göttern und Menschen sei, eine Belehrung, die Indra darauf dem Maudgalyāyana mitteilt, als dieser ihn im Himmel besucht. Und um den Göttern die Macht des Mönches zu zeigen, bringt Maudgalyāyana bei dieser Gelegenheit mit seiner Zehe den Götterpalast ins Wanken. Die Götter vergehen ebenso wie die

Menschen. Ein Mensch kann in der nächsten Geburt ein Gott, ein Gott ein Mensch, ja ein Tier oder lebloses Ding sein. Wie die Menschen, sind auch die Götter Geburt, Alter und Tod unterworfen. Aber besser als die Menschen hatten es die Götter immerhin. Das Gottsein war die höchste Staffel im Kreislaufe der Geburten, und so konnte die Aussicht, in der nächsten Geburt in einer Götterwelt als Gott wiedergeboren zu werden, sehr wohl ein Antrieb zu richtigem Lebenswandel werden. Buddha mußte wenigstens die Möglichkeit offen lassen, daß ein Frommer, dem es in diesem Leben schlecht gegangen war, in der nächsten Geburt im Himmel als Gott in Glanz und ohne Sorgen werde leben können. Die Götter durften also nicht fehlen; sie bildeten ein notwendiges Glied in der Kette des Glaubens an die Seelenwanderung. Buddha hat daher auch nie einen Zweifel an der Existenz der Götter ausgesprochen. Mehrmals wird erzählt, daß Personen an ihn mit der direkten Frage traten: Gibt es Götter? So der König Prasenajit und der Brahmane Śārṅgarava. Den Prasenajit bat Buddha, ihm zu sagen, was er mit der Frage meine? Prasenajit antwortete, ob die Götter wieder zur Welt zurückkehrten, oder nicht. Die Götter, antwortete Buddha, kehren zur Welt wieder zurück, bei denen ein Grund dazu vorliegt, d. h. die, die sich etwas haben zuschulden kommen lassen. Auch im Himmel herrscht also die Sünde. Und dem Śārṅgarava antwortete Buddha ausweichend, es werde in der Welt allgemein angenommen, daß es Götter gebe. Da das Endziel der Lehre Buddhas die Vernichtung jeder Existenz ist, so ergibt sich von selbst, daß der Erlöste über den Göttern steht, also das Gottsein nicht der höchste Wunsch des Buddhisten sein kann. Wir haben keinen Grund anzunehmen, daß Buddha selbst anders gedacht hat, als er lehrte. Wohl sagt er selbst einmal, daß er viel mehr erkannt als den Jüngern verkündet habe. Aber er fügt auch gleich hinzu, daß er es nur nicht verkündet habe, weil es nichts zur Erlösung beitrage. Buddhas Verhältnis zu den Göttern war gegeben durch den Glauben an die Seelenwanderung, auf dem seine ganze Lehre beruht. Gerade dadurch erweist er sich als echter Inder, seine Lehre sich als echt indisch.

V. Buddhas Lehrweise.

Es sind bereits Beispiele dafür gegeben worden, wie formelhaft die Reden und Gespräche Buddhas waren, wenn er zu seinen Mönchen sprach. Noch mehr wird dies die Betrachtung seiner Lehre selbst zeigen. Ganz anders verfuhr er, wenn er zum Volke in dessen Sprache redete. Es ist uns eine große Zahl von Erzählungen überliefert, die zeigen, daß Buddha dem Volke ein Heiland sein wollte und war. Eine der schönsten ist die Erzählung von Kisāgotamī, die Max Müller mit Recht „eine Probe des wahren Buddhismus" genannt hat.

In Śrāvastī wurde in einer armen Familie ein Mädchen geboren, das den Namen Gotamī (Sanskrit Gautamī) erhielt. Wegen seiner Magerkeit wurde es Kisāgotamī (Sanskrit Kṛśāgautamī), „die magere Gotamī", genannt. Sie heiratete, wurde aber von der Familie ihres Mannes schlecht behandelt, weil sie aus einem armen Hause stammte. Als sie aber einen Sohn geboren hatte, kam sie zu Ehren. Der Knabe starb, als er eben laufen konnte. Da sie bisher den Tod nicht gesehen hatte, wehrte sie den Leuten, die den Knaben forttragen wollten, um ihn zu verbrennen. Mit dem Gedanken: „Ich will für meinen Sohn ein Heilmittel erfragen," nahm sie den Leichnam auf ihren Schoß und wanderte von Haus zu Haus, indem sie fragte: „Wisset ihr nicht ein Heilmittel für meinen Sohn?" Da sagten die Leute zu ihr: „Hast du deinen Verstand verloren, o Tochter? Du wanderst umher, indem du ein Heilmittel für deinen toten Sohn erfragst." Sie aber sprach zu sich: „Sicher werde ich einen treffen, der ein Heilmittel für meinen Sohn weiß." Da sah sie ein kluger Mann. Er sprach zu ihr: „Ich, meine Tochter, weiß kein Heilmittel, aber ich kenne einen, der ein Heilmittel weiß." „Wer weiß eins, lieber Herr?" „Der Meister, meine Tochter, weiß eins; gehe hin und frage ihn!"

Mit den Worten: „Ich will hingehen, lieber Herr," ging sie zum Meister, grüßte ihn, stellte sich seitwärts von ihm und fragte: „Weißt du ein Heilmittel für meinen Sohn, o Herr?" „Ja, ich weiß eins." „Was für eins soll ich nehmen?" „Nimm eine Prise Senfkörner." „Ich will sie nehmen, o Herr; doch aus welchem Hause soll ich sie holen?" „Aus dem Hause, in dem weder ein Sohn, noch eine Tochter, noch irgend jemand zuvor gestorben ist." Sie sprach: „Gut, o Herr," grüßte den Meister, legte ihren toten Sohn auf ihren Schoß und ging in die Stadt. An der Tür des ersten Hauses bat sie um Senfkörner, und als sie ihr gegeben wurden, fragte sie: „In diesem Hause ist doch wohl weder ein Sohn, noch eine Tochter, noch irgend jemand zuvor gestorben?" „Was sagst du? Der Lebenden sind wenige, aber der Toten sind viel." Darauf wies sie die Senfkörner zurück und wanderte von Haus zu Haus, ohne die gewünschten Senfkörner zu erhalten. Da dachte sie am Abend: „Ach, es ist eine schwere Arbeit. Ich glaubte, nur mein Sohn sei tot; aber in der ganzen Stadt sind die Toten zahlreicher als die Lebenden." Als sie so dachte, wurde ihr aus Liebe zu ihrem Sohne weiches Herz hart. Sie warf ihren Sohn in den Wald, ging zum Meister, grüßte ihn und stellte sich seitwärts von ihm. Und der Meister sprach zu ihr: „Hast du die Prise Senfkörner bekommen?" „Ich habe sie nicht bekommen, o Herr. In der ganzen Stadt sind die Toten zahlreicher als die Lebenden." Da sprach der Meister zu ihr: „Du meintest, nur dein Sohn sei gestorben. Das ist das ewige Gesetz für die lebenden Wesen. Der König des Todes wirft ja, wie ein reißender Strom, alle lebenden Wesen, ehe ihre Wünsche befriedigt sind, in das Meer des Verderbens", und sprach dann, das Gesetz lehrend, die Strophe: „Den Mann, der stolz ist auf Kinder und Vieh, und dessen Geist am Irdischen hängt, den rafft der Tod hinweg, wie die Flut ein schlafendes Dorf." Nach Beendigung der Strophe erlangte Kisāgotamī die erste Stufe der Heiligkeit. Sie wurde dann Nonne, und Strophen von ihr stehen in den Therīgāthā. Die Erzählung ist, wie viele andere, in den Occident gewandert, wo sich Parallelen finden.

    Eine zweite Form der Belehrung, die Buddha sehr liebte, war die durch Gleichnisse. Ein Beispiel gibt die oben (S. 42 f.) mitgeteilte Erzählung von Kṛṣibhāradvāja. Mit Vorliebe zog Buddha den Ackerbau und die Wasserflut zum Vergleich heran, oder Begebnisse des täglichen Lebens. „Zu Śrāvastī, so sagte er einst zu den Mönchen, lebte einmal eine Hausfrau namens Vaidehikā. Die Hausfrau Vaidehikā, ihr Mönche, stand in dem guten Rufe: „Sanft ist die Hausfrau Vaidehikā, ruhig ist die Hausfrau Vaidehikā, friedfertig ist die Hausfrau Vaidehikā." Diese Hausfrau Vaidehikā, ihr Mönche, hatte eine Dienerin namens Kālī, die geschickt und fleißig war und ihre Arbeit gut besorgte. Und der Dienerin Kālī, ihr Mönche, kam der Gedanke: „Meine Herrin steht in dem guten Rufe: „Sanft ist die Hausfrau Vaidehikā, ruhig ist die Hausfrau Vaidehikā, friedfertig ist die Hausfrau Vaidehikā." Zeigt nun etwa meine Herrin ihren inneren Zorn nicht, oder besitzt sie keinen? Oder besorge ich meine Arbeit so gut, daß meine Herrin ihren inneren Zorn nicht zeigt? Wie wäre es, wenn ich sie einmal auf die Probe stellte?" Und die Dienerin Kālī, ihr Mönche, stand auf, als es (schon heller) Tag war. Da sprach, ihr Mönche, die Hausfrau Vaidehikā zur Dienerin Kālī: „He da, Kālī!" „Was, o Herrin?" „Was stehst du bei (hellem) Tage auf?" „Das macht nichts, o Herrin!" „Das macht nichts, du schlechte Dienerin, daß du am (hellen) Tage aufstehst?", sagte sie zornig und unzufrieden und runzelte die Brauen. Da kam der Dienerin Kālī, ihr Mönche, der Gedanke: „Meine Herrin besitzt inneren Zorn, zeigt ihn bloß nicht. Weil ich meine Arbeit gut besorge, zeigt sie den inneren Zorn nicht, den sie besitzt. Wie wäre es, wenn ich sie noch stärker auf die Probe stellte?" Und da stand, ihr Mönche, die Dienerin Kālī noch später am Tage auf. Da sprach, ihr Mönche, die Hausfrau Vaidehikā zur Dienerin Kālī: „He da, Kālī!" „Was, o Herrin?" „Was stehst du bei (hellem) Tage auf?" „Das macht nichts, o Herrin!" „Das macht nichts, du schlechte Dienerin, daß du am (hellen) Tage aufstehst?", sagte sie zornig und unzufrieden mit unzufriedenen Worten. [Mit denselben Worten, wie vorher, wird weiter erzählt, daß Kālī, um ihre Herrin zu prüfen, zum dritten Male noch später aufsteht.] Da ergriff sie zornig und unzufrieden einen Türriegel[1]), gab ihr damit einen Schlag auf den Kopf und schlug ihr ein Loch in den Kopf. Da machte die Dienerin Kālī mit dem Loch in dem Kopf, und indem ihr das Blut herabrann, die Nachbarn aufmerksam: „Seht, ihr Herrn, das

---

[1]) d. h. ein Stück Holz, das vorgesteckt wird, um die Tür zu schließen.

Werk der Sanften; seht, ihr Herrn, das Werk der Ruhigen; seht, ihr Herrn, das Werk der Friedfertigen! Wer wird wohl seiner einzigen Dienerin, bloß weil sie am (hellen) Tage aufsteht, mit einem Türriegel zornig und unzufrieden einen Schlag auf den Kopf geben und ihr ein Loch in den Kopf schlagen?" Und da kam, ihr Mönche, die Hausfrau Vaidehikā allmählich in den üblen Ruf: „Die Hausfrau Vaidehikā ist zornig; die Hausfrau Vaidehikā ist unruhig; die Hausfrau Vaidehikā ist nicht friedfertig." So auch, ihr Mönche, ist mancher Mönch hier ganz sanft, ganz ruhig, ganz friedfertig, so lange ihm nicht unfreundliche Reden zu Ohren kommen. Wenn aber, ihr Mönche, einem Mönche unfreundliche Reden zu Ohren kommen, dann soll ein Mönch sanft erfunden werden, ruhig erfunden werden, friedfertig erfunden werden. Ich nenne, o Mönche, einen Mönch nicht sanftmütig, der sanftmütig ist und Sanftmut zeigt, damit ihm Kleidung, Speise, Lagerstatt und Arznei für den Fall einer Krankheit gegeben wird. Warum? Weil der Mönch, wenn er keine Kleidung, Speise, Lagerstatt und Arznei für den Fall einer Krankheit bekommt, nicht sanftmütig ist und keine Sanftmut zeigt. Den Mönch nenne ich sanftmütig, ihr Mönche, der sanftmütig ist und Sanftmut zeigt, indem er das Gesetz ehrt, das Gesetz hochhält, das Gesetz achtet. Deswegen, ihr Mönche, sollt ihr lernen: Wir wollen sanftmütig sein und Sanftmut zeigen, indem wir das Gesetz ehren, das Gesetz hochhalten, das Gesetz achten."

Gern gebrauchte Buddha auch das Bild des Arztes. Die Gefahren, die einem Mönche drohen, werden verglichen mit den Gefahren, denen ein Badender ausgesetzt ist: die Gefahr durch Wellen, Krokodile, Strudel, Delphine. Asketen und Priester, die auf falsche Weise die Erkenntnis zu erlangen suchen, werden verglichen mit einem Manne, der, um Sesamöl zu gewinnen, einen Trog mit Sand füllt, den Sand oft befeuchtet und dann jedesmal ausdrückt, oder der, um Milch zu bekommen, das Horn einer Kuh mit neugeborenem Kalbe melkt, oder der, um Butter zu machen, Wasser in einen Krug gießt und das Wasser mit dem Rührstab quirlt, oder der, um Feuer zu entflammen, nasses Holz und ein feuchtes oberes Reibholz nimmt. Die Fülle solcher Gleichnisse ist ganz unerschöpflich. Manche lehren in verschiedenen Teilen des Kanons ganz gleichlautend wieder, wie das Gleichnis von der Henne und den Eiern, das auch in den in Turkestan gefundenen Bruchstücken des Sanskritkanons erwähnt wird: „Wie wenn, ihr Mönche, eine Henne acht, oder zehn, oder zwölf Eier hätte, und diese wären von der Henne richtig gelegt, richtig bebrütet, richtig gebildet, sollte da die Henne nicht den Wunsch haben: „Möchten doch meine Kücken mit der Spitze der Kralle oder mit dem Schnabel die Eischale zerbrechen und glücklich herauskommen", und die Kücken sind fähig, mit der Spitze der Kralle oder mit dem Schnabel die Eischale zu zerbrechen und glücklich herauszukommen, ebenso, ihr Mönche, ist ein Mönch, der die fünfzehn Teile des eifrigen Strebens (nach der Erlösung) besitzt, fähig zum Durchdringen, fähig zur Erleuchtung, fähig zur Erlangung des höchsten Heils."

Buddha schrickt auch vor sehr kühnen Vergleichen nicht zurück: „Wie wenn, ihr Mönche, ein Mann eine einlochige Reuse in das Meer würfe, und diese der Ostwind nach Westen, der Westwind nach Osten, der Nordwind nach Süden, der Südwind nach Norden zusammenballte; dort wäre eine einäugige Schildkröte und diese tauchte nach Verlauf von hundert Jahren einmal in die Höhe. Was meint ihr wohl, o Mönche? Würde diese einäugige Schildkröte in jene einlochige Reuse ihren Hals stecken?" „Wenn überhaupt, o Herr, dann doch nur nach Ablauf einer langen Zeit." „Eher noch wird, ihr Mönche, die einäugige Schildkröte in jene einlochige Reuse den Hals stecken, als daß ein Tor, so sage ich, ihr Mönche, der in die vier Zustände der Pein gekommen ist[1]), wieder Mensch wird."

Die Gleichnisse sind reich an feinen Beobachtungen des menschlichen Lebens und der Natur und für uns sehr wertvoll wegen der vielen Aufschlüsse, die sie uns über indische Sitten und Gebräuche geben. Nicht selten werden uns die Gedanken Buddhas in der Form eines Dialoges vorgetragen.

Bei Bekehrungsgeschichten pflegt Buddha allein ausführlich zu sprechen und der Angeredete am Schlusse nur mit wenigen Worten sich zustimmend zu äußern. Neben den Gleichnissen trug Buddha sehr oft auch zur Erläuterung Geschichten aus alter Zeit, Fabeln und Märchen vor. Er kam damit einer Neigung des indischen Volkes entgegen. Schon sehr früh sind einige dieser Geschichten so gewendet worden, daß Buddha selbst

---

[1]) Der Buddhismus nimmt vier Zustände (apāya) an, in die der Sünder nach dem Tode geraten kann: Hölle, Geburt als Tier, Gespenst, Dämon.

in einer früheren Geburt als Bodhisattva, d. h. als ein Wesen, das bestimmt ist, einst ein Buddha zu werden, der Held der Erzählung ist, die übrigen handelnden Personen oder Tiere aber seine Freunde, Gefährten, Jünger oder Gegner sind. Nach diesen Mustern sind später eine große Anzahl alter Geschichten umgewandelt, sehr viele neue hinzuerfunden worden. Diese Art Erzählungen führt den Namen Jātaka, „Vorgeburtsgeschichten". Sie sind gesammelt in einem eigenen Werke gleichen Namens. Die alte Zahl dieser Jātaka ist 34. Jetzt ist sie bei den südlichen Buddhisten bis auf 547 gestiegen; bei den nördlichen ist sie geringer. Viele dieser Erzählungen erweisen sich deutlich als Variationen und junge Nachbildungen. Von Indien aus sind sie auf dem oben (S. 19) angegebenen Wege nach dem Occident gewandert. Viele der Märchen und Fabeln, die uns als Kinder entzückt haben, und die wir noch heut gern wieder lesen, lassen sich in Indien zuerst nachweisen.

Oft wird dem Jātaka eine Vorgeschichte vorausgeschickt, die sich von dem Jātaka oft nur so wenig unterscheidet, daß in diesem einfach auf sie verwiesen wird. Entweder ist es Buddha in einer früheren Existenz allein, der auftritt, oder es sind mehrere Personen, und die Bösewichte werden identifiziert mit Leuten, die im Leben des Buddha eine schlechte Rolle gespielt haben, die Guten mit Freunden des Buddha. Meist knüpfen die Erzählungen an einen Vers einer Strophe an, die am Ende vollständig mitgeteilt wird und eine Sentenz enthält. Auch im Innern erscheinen nicht selten Verse, wie überhaupt dem Buddha oft Verse in den Mund gelegt werden. Teils sind es alte, sprichwörtliche Verse, teils im Augenblick entstandene. Das Metrum, der Sloka, ist sehr einfach und frei gebaut, so daß es leicht zu handhaben war. Es ist sehr wahrscheinlich, daß Buddha und seine Jünger die prosaische Erzählung oft durch Verse unterbrachen. Von einem der Ältesten, Vaṅgīsa, wird ausdrücklich überliefert, daß er vor andern die Gabe des Improvisierens besaß. Jedenfalls bilden die Verse den ältesten Bestand der Jātaka. Nur sie sind in den ältesten Teil des südlichen Kanons aufgenommen worden. Sie waren das feste Gerippe, an das sich die Prosaerzählung angliederte, die je nach dem Bedürfnis, nach Ort, Zeit und Person sich änderte. So war es in Indien schon in vedischer Zeit, und so ist es bis auf den heutigen Tag geblieben, nicht nur bei den Erzählungen, sondern auch bei den

Theaterstücken. In nordbuddhistischen Texten, wie dem Lalitavistara und Mahāvastu, wird dieselbe Geschichte, zuweilen in etwas abweichender Gestalt, oft zugleich in Prosa und Versen, vorgetragen. Überall macht die metrische Fassung den älteren Eindruck. Im Mahāparinibbānasutta werden Strophen mitgeteilt, die beweisen, daß es eine alte Lebensbeschreibung des Buddha in Versen gegeben haben muß. In Indien herrscht von ältester Zeit an der Vers, dessen sich, wenn wir späteren Werken glauben dürfen, gelegentlich auch die niedrigsten Stände bedienten. Wie beliebt und bekannt die Jātaka gewesen sein müssen, zeigt der Umstand, daß sich Abbildungen einzelner Szenen daraus auf dem Stūpa von Bharhut finden.

Die Art der Predigt und Lehre, das geschickte Heranziehen volkstümlicher Erzählungen, von Gleichnissen, Sprichwörtern und Sentenzen, hat ohne Zweifel viel dazu beigetragen, dem Weisen aus dem Geschlechte der Śākya die Herzen des Volkes zu gewinnen und ihm Gläubige in Scharen zuzuführen. Dazu kam seine Persönlichkeit und die Gunst mächtiger Könige. Aber alles das hätte schwerlich seinen großen Erfolg ermöglicht, wenn die Lehre selbst nicht den Bedürfnissen der Menge entgegengekommen wäre.

VI. Die Lehre des Buddha.

Im Dhammapada findet sich ein Vers (183), der Buddha selbst zugeschrieben wird, und den die Buddhisten noch heut als eine Art Glaubensbekenntnis rezitieren: „Die Unterlassung aller Sünde, das Tun alles Guten, die Reinigung des Herzens: das ist die Lehre des Buddha." Und diesem Verse entspricht durchaus, was uns als Lehre des Buddha überliefert wird. Sie bewegt sich um zwei Punkte: Leiden und Erlösung. Es heißt: „So wie, ihr Mönche, das große Weltmeer nur einen Geschmack hat, den Geschmack des Salzes, so hat auch diese Lehre nur einen Geschmack, den Geschmack der Erlösung." Sie stellt sich also ein ganz bestimmtes, praktisches Ziel: die Erlösung. Erlösung aber bedeutet für den Inder Erlösung von der Wiedergeburt.

Die ganze Lehre des Buddha ist gegründet auf die sogenannten „Vier eblen Wahrheiten". Diese sind: Das Leiden, die Entstehung des Leidens, die Aufhebung des Leidens, der Weg, der zur Aufhebung des Leidens führt. Mit anderen Worten: 1. Alles, was existiert, ist dem Leiden unterworfen. 2. Dieses Leiden hat seine Ursache in den menschlichen Leidenschaften. 3. Die Befreiung von den Leidenschaften befreit vom Leiden. 4. Der Weg zur Befreiung ist „der eble achtgliedrige Weg". Die erste Wahrheit stellt also fest, daß das Leiden in der Welt da ist, die zweite, warum es da ist, die dritte, daß es vernichtet werden kann, und die vierte, wie es vernichtet werden kann. Diese vier eblen Wahrheiten spielen schon in der ersten Predigt Buddhas, der Predigt von Benares, die ich oben mitgeteilt habe (S. 28 f.), die Hauptrolle. Sie kehren in den heiligen Schriften der Buddhisten unzählige Male wieder, und Buddhas Jünger tragen sie den Mönchen mit genau denselben Worten vor, wie der Meister. Sie gelten als das Erkennungsmittel eines wahren Buddhisten. So sagt einmal Sâriputra:

„Wenn, ihr Brüder, ein edler Jünger das Leiden erkennt, die Entstehung des Leidens, die Vernichtung des Leidens, den Weg, der zur Vernichtung des Leidens führt, dann hat der edle Jünger die richtige Erkenntnis, dann ist seine Erkenntnis wahrhaft; er glaubt an die Lehre, er gehört der guten Lehre an." Die Vierteilung ist, worauf Kern hingewiesen hat, dem Systeme der Medizin entnommen, dem schon der Sāṃkhya-Yoga gefolgt war. Sie entspricht den vier Stufen der Mediziner: Krankheit, Gesundheit, Ursache der Krankheit, Heilung, und den vier Stufen des Yoga: das zu Vermeidende, das Vermeiden, die Ursache des zu Vermeidenden und das Mittel zum Vermeiden. Auch im Einzelnen ist, wie wir sehen werden, Buddha über seine Lehrer nicht hinausgekommen. Ihm eigen ist allein die Fassung der vier Wahrheiten.

Von der ersten Wahrheit sagt die Predigt von Benares: „Dies, ihr Mönche, ist die edle Wahrheit vom Leiden: Geburt ist Leiden, Alter ist Leiden, Krankheit ist Leiden, Tod ist Leiden, Vereinigung mit Unliebem ist Leiden, Trennung von Liebem ist Leiden, Gewünschtes nicht erlangen ist Leiden, kurz, die fünf Elemente, die das Haften am Dasein bewirken[1]), sind Leiden."

Schon durch diese erste edle Wahrheit erweist sich der Buddhismus als Pessimismus. Und in der Tat gibt es keine andere Religion der Erde, die auf so pessimistischer Grundlage aufgebaut ist, und deren Bekenner von der Nichtigkeit und Elendigkeit dieses Daseins so tief durchdrungen sind, wie der Buddhismus. Keine wahre Religion ist denkbar ohne einen Tropfen Pessimismus. Aber keine hat es mit so unverhüllter Rücksichtslosigkeit ausgesprochen, daß diese Erde ein Jammertal ist, wie der Buddhismus. Was Schopenhauer sagt, daß an unserer rätselhaften Existenz nichts klar ist als ihr Elend und ihre Nichtigkeit, ist auch die Ansicht des Buddha. Aber Buddha ist auch hier nicht originell. Er hat nur zur Religion gemacht, was vor ihm seine Lehrer als Philosophie vorgetragen hatten. Kapila sagte: „Nirgends ist irgend jemand glücklich", und: „Die gänzliche Beseitigung des dreifachen Leidens ist das Endziel (der Seele)", und Patañjali: „Für den Verständigen ist alles Leid". Buddha hat bewirkt, daß diese Wahrheit nicht bloß „der Verständige" erkannte. Er hat sie ins Volk hinaus-

---

[1]) Das sind die fünf Skandha, von denen später die Rede sein wird.

getragen. Die Nichtigkeit aller Dinge wird in den buddhistischen Schriften in den stärksten Farben gemalt. Im Dhammapada heißt es: „Aus Freude wird Leid geboren, aus Freude wird Furcht geboren. Wer von Freude erlöst ist, für den gibt es kein Leid; woher käme ihm Furcht? Aus Liebe wird Leid geboren, aus Liebe wird Furcht geboren. Wer von der Liebe erlöst ist, für den gibt es kein Leid; woher käme ihm Furcht?" Immer von neuem wird eingeschärft, daß der Tod allen Freuden ein Ende macht, und daß niemand ihm entrinnen kann. „Nicht im Luftraum, nicht in des Meeres Mitte, nicht wenn du in Felsenhöhlen eindringst, findest du auf Erden eine Stätte, wo dich der Tod nicht überwältigt." Derartige Aussprüche sind unzählbar. Durch die Vergänglichkeit der Dinge wollte Buddha vor allem ihre Wert- und Nutzlosigkeit beweisen.

Die zweite edle Wahrheit handelt von der Entstehung des Leidens. Die Predigt von Benares sagt darüber: „Dies, ihr Mönche, ist die edle Wahrheit von der Entstehung des Leidens: Es ist dieser Durst, der die Wiedergeburt bewirkt, der von Freude und Verlangen begleitet ist, der hier und dort seine Freude findet, wie der Durst nach Lüsten, der Durst nach (ewigem) Leben, der Durst nach (ewigem) Tode." Unter „Durst" (Trsṇā, Pali Taṇhā) versteht Buddha die Lebenslust, den Willen zum Leben, die Bejahung des Willens zum Leben. Im Suttanipāta heißt es: „Alles Leid, das entsteht, kommt aus dem Durste; aber durch völlige Vernichtung des Durstes, durch Freisein von Leidenschaft, kann kein Leid entstehen. Ein Mann, der von Durst begleitet, lange auf den Wegen der Seelenwanderung umherirrt, wird von der Seelenwanderung nicht befreit". Und das Dhammapada sagt: „Wen in der Welt dieser schlimme Durst bewältigt, der giftige, dessen Leib wächst, wie das wuchernde Bīraṇa-Gras. Wer in der Welt den schlimmen Durst bezwingt, den schwer zu bewältigenden, von dem fällt das Leid ab, wie ein Wassertropfen von einem Lotosblatt. Wie ein Baum, auch wenn er gefällt ist, wieder wächst, wenn seine Wurzel unverletzt ist, so kehrt auch das Leiden immer von neuem wieder, wenn nicht der Durst und das Verlangen vernichtet sind. Menschen, von Durst getrieben, rennen umher wie ein Hase in Schlingen. In Fesseln und Banden geschlagen, erdulden sie lange Zeit Leid, wieder und wieder. Der Tor vernichtet sich durch seinen Durst nach Vergnügungen, als wenn er sein eigener Feind wäre."

Dem Volke gegenüber genügte es, die Tatsache festzustellen, daß der Durst vorhanden und die Ursache des Leidens sei. Das ließ sich ja leicht an Beispielen des täglichen Lebens zeigen. Dem Eingeweihten aber mußten sich notwendig die Fragen aufdrängen: Woher kommt der Durst? Was ist die Ursache, daß wir immer von neuem ihm verfallen? Wie ist es zu erklären, daß er uns von Geburt zu Geburt treibt? Buddha ist der Beantwortung dieser Fragen nicht ausgewichen. Schon in den ältesten Texten finden wir die Antwort scharf formuliert, aber in dunkler, technischer Sprache, die das Verständnis sehr schwierig macht. Diese Formel führt den Namen Pratītyasamutpāda, Pali Paṭiccasamuppāda, d. h. „Entstehen (eines Dinges) in Abhängigkeit (von einem andern)", also die Formel vom „Zusammenhang von Ursache und Wirkung", vom „Kausalnexus". Diese Formel ist eine der grundlegendsten Lehren des Buddhismus und wird an Heiligkeit unmittelbar den vier edlen Wahrheiten angereiht, mit denen sie zuweilen direkt verbunden ist. Sie lautet: „Aus dem Nichtwissen entstehen die latenten Eindrücke; aus den latenten Eindrücken entsteht die Denksubstanz; aus der Denksubstanz entsteht Name und Form; aus Name und Form entstehen die sechs Organe; aus den sechs Organen entsteht Berührung; aus der Berührung entsteht Empfindung; aus der Empfindung entsteht Durst; aus dem Durst entsteht das Haften (an der Existenz); aus dem Haften (an der Existenz) entsteht Werden; aus dem Werden entsteht Geburt; aus der Geburt entsteht Alter und Tod, Schmerz und Klagen, Leid, Kummer und Verzweiflung. Das ist die Entstehung des ganzen Reiches des Leidens."

Gewöhnlich wird die Formel auch „rückwärts", d. h. negativ, dieser positiven Fassung angereiht: „Wird aber das Nichtwissen aufgehoben unter gänzlicher Vernichtung des Begehrens, so bewirkt dies die Aufhebung der latenten Eindrücke; durch die Aufhebung der latenten Eindrücke wird die Denksubstanz aufgehoben; durch die Aufhebung der Denksubstanz wird Name und Form aufgehoben; durch Aufhebung von Name und Form werden die sechs Organe aufgehoben; durch die Aufhebung der sechs Organe wird die Berührung aufgehoben; durch Aufhebung der Berührung wird die Empfindung aufgehoben; durch Aufhebung der Empfindung wird der Durst aufgehoben; durch Aufhebung des Durstes wird das Haften (an der Existenz) aufgehoben; durch Aufhebung des Haftens (an der Existenz) wird das Werden aufgehoben; durch Aufhebung des Werdens wird die Geburt aufgehoben; durch Aufhebung der Geburt werden Alter und Tod, Schmerz und Klagen, Leid, Kummer und Verzweiflung aufgehoben. Das ist die Aufhebung des ganzen Reiches des Leidens."

In dieser negativen Fassung ist die Formel im Grunde nichts weiter als eine Ausführung der dritten der vier edlen Wahrheiten, der Wahrheit von der Aufhebung des Leidens. Die Predigt von Benares sagt darüber: "Dies, ihr Mönche, ist die edle Wahrheit von der Aufhebung des Leidens: Es ist das völlige Freisein von diesem Durst, sein Aufgeben, Fahrenlassen, Ablegen, Verbannen." Die Formel erklärt somit zugleich auch die dritte Wahrheit.

Wie ist nun aber die Formel selbst zu verstehen? Die Frage ist jetzt leichter zu beantworten als früher, seit wir wissen, daß der theoretische Buddhismus ganz auf dem Sāmkhya-Yoga beruht. Das Wort der Formel, das ich mit „latente Eindrücke" übersetzt habe, Sanskrit Samskārāh, Pali Saṅkhārā, ist sehr schwierig zu verstehen, und die Übersetzung nur ein Notbehelf. Man hat es mit „Gestaltungen" übersetzt, oder mit „Strebungen", „Unterscheidungen", „Verdienst und Verschuldung", „Residuum". Die letzte Übersetzung kommt der Wahrheit am nächsten. Samskāra bedeutet wörtlich „Zubereitung", „Zurüstung", „Bearbeitung"; dann in passivem Sinne „das Zubereitete", „Bearbeitete", „Gemachte", „die Form". In weiterem Sinne ist es dann der Ausdruck für die Summe aller Formen, die Materie, für alles was existiert. Es wird aber auch vom Geiste gebraucht, und entsprechend seiner Grundbedeutung „Zubereitung", „Bearbeitung" wird es angewendet auf die Fähigkeit des Geistes, gute und schlechte Taten zu bewirken, seine Empfänglichkeit, Anlage, Prädisposition für solche Taten. Und diesen Sinn hat das Wort in unserer Formel. Nach der Lehre des Sāmkhya besitzt jedes Wesen außer dem grob-materiellen, sichtbaren Körper (Sthūlaśarīra), der vergänglich ist, noch einen feinen, inneren Körper (Liṅgaśarīra), der zusammen mit der Seele aus einem groben Körper in den andern zieht. Dieser innere Körper ist der Sitz aller psychischen Vorgänge, und er wird nach dem Sāmkhya durch eine Reihe von Elementen gebildet, an deren Spitze das Denkorgan oder die Denksubstanz Buddhi, wörtlich „Verstand", steht. Diese Denksubstanz wird immer wieder in

Bewegung gesetzt durch die Saṃskāra oder Vāsanā, d. h. die im Verstande ruhenden Eindrücke, die von früheren Taten (Karman) im Verstande zurückgeblieben sind und sich von Geburt zu Geburt vererben. Die Saṃskāra sind also das, was von früheren Geburten im Geiste latent zurückgeblieben ist und sich bei gegebener Veranlassung im Geiste entwickelt und zu neuen Taten führt. Diese Saṃskāra können während vieler Existenzen eines Wesens schlummern; das betreffende Wesen braucht sich ihrer gar nicht bewußt zu sein. Sie haben aber Lebenskraft und treten wieder hervor, wenn die Gelegenheit sich bietet. Sie sind die latenten Eindrücke, die Prädispositionen, die die Möglichkeit zu guten und schlechten Taten geben, der Antrieb dazu sind, gleichsam die Bazillen, die sich unter bestimmten, für sie günstigen Bedingungen entwickeln. So lange sich also solche Saṃskāra im Geiste befinden, kann er nicht zur Ruhe kommen. Sie müssen daher vertilgt werden. Das geschieht, wenn der Mensch das „Nichtwissen" (Avidyā) vernichtet. Unter „Nichtwissen" verstehen Sāmkhya und Yoga die Unkenntnis davon, daß Geist und Materie etwas voneinander ganz Verschiedenes sind. Erkennt der Mensch dies, so schwindet der Irrtum. Die Verbindung von Geist und Körper wird gelöst, es tritt der Zustand des „Alleinseins" (Kaivalya), der „Erlösung" (Mukti), des „Erlöschens" (Nirvāṇa) ein. Das Nichtwissen ist also die Ursache der Saṃskāra. Genau so lehrt der Buddha. Aber sein „Nichtwissen" ist ein anderes. Die buddhistischen Texte lassen keinen Zweifel daran, was Buddha unter „Nichtwissen" verstanden hat. Sāriputra sagt einmal in einem alten Texte: „Das Leiden nicht kennen, o Freund, die Entstehung des Leidens nicht kennen, die Aufhebung des Leidens nicht kennen, den Weg nicht kennen, der zur Aufhebung des Leidens führt, das, o Freund, wird „Nichtwissen" genannt." Dasselbe ergibt sich aus anderen Stellen. „Nichtwissen" ist also der Mangel der Kenntnis der Lehre Buddhas. Wer sie nicht kennt, kann die Saṃskāra nicht vernichten und damit nicht zu Erlösung gelangen. Childers, der in seinem Dictionary of the Pāli Language (London 1875) mehr als irgend ein anderer das Verständnis der technischen Ausdrücke des Buddhismus gefördert hat, hat bereits bemerkt, daß die Saṃskāra hinüberleiten auf das Gebiet des Karman, Pali Kammaṃ, d. h. der Handlungen der Menschen, seiner guten und bösen

Taten. Wenn von früheren Geburten her der Geist zum Guten oder Bösen prädisponiert ist, so mußte notwendig die Frage entstehen, ob denn der Mensch aus sich heraus etwas tun könne, um diese Prädisposition zu beeinflussen. Darüber gingen die Meinungen weit auseinander. Die einen behaupteten, der Mensch könne sein Schicksal durch eigene Tat bestimmen, die andern leugneten dies (vergl. oben S. 14). An der Spitze der Leugner stand zur Zeit Buddhas Makkhali Gosāla, oder, wie ihn die nördlichen nennen, Maskarin Gosālikāputra, einer der sechs Lehrer, die zugleich mit Buddha im Lande umherzogen. Er war der Stifter der Sekte der Ājīvika, die der König Aśoka Priyadarśin (263—226, nach andern 272—232 vor Chr.) in einer seiner Felseninschriften erwähnt. Sie müssen also damals noch zahlreich gewesen sein. Er ist auch den Jainas wohlbekannt, die ihn Gosāla Maṅkhaliputta nennen und zu einem abtrünnigen Schüler ihres Meisters Mahāvīra machen. Von der Lehre des Makkhali ist uns leider sehr wenig bekannt. Wir erfahren aber, daß er lehrte: „Es gibt kein Handeln, es gibt keine Tat, es gibt keinen Willen," also die Freiheit des Willens leugnete. Ihm traten Mahāvīra und Buddha gegenüber. Mahāvīra lehrte: „Es gibt eine Anstrengung, es gibt ein Handeln, eine Kraft, einen Willen, mannhaftes Wollen und Tun," und Buddha: „Ich lehre, daß es ein Handeln, eine Tat, einen Willen gibt." Buddha erklärte: wie von allen gewebten Gewändern ein härenes das schlechteste sei, so sei von allen Lehren die des Makkhali die schlechteste. Nach Buddha kann also der Mensch sein Schicksal beeinflussen, ja, bestimmen.

Der erste Satz der Kausalitätsformel besagt also: Wer die Lehre des Buddha nicht kennt und nicht bekennt, wird nicht frei von den Prädispositionen zu einer neuen Geburt.

Der zweite Satz lautet: „Aus den Saṃskāra entsteht die Denksubstanz." Das Wort für Denksubstanz ist Vijñāna, Pali Viññāṇa, und das entspricht genau der Buddhi des Sāṃkhya. Die Scholiasten gebrauchen beide Worte als Synonyma. Buddhi ist gewöhnlich die Fähigkeit, Vorstellungen zu bilden und festzuhalten, die Urteilskraft, die Einsicht. In der Philosophie des Sāṃkhya aber ist Buddhi eine Substanz, die Denksubstanz. Sie ist das Organ der Unterscheidung, des Urteils, der Entschließung, und sie gilt für das hervorragendste der inneren Organe, weshalb sie auch Mahat, „das Große," oder Mahān, "der Große," genannt wird, im Yoga Citta „Denken", „Gedanke", „Sinn". Auch die Buddhisten bezeichnen das Vijñāna als eine Substanz, ein Element (Dhātu). Es ist ihnen das sechste Element neben Erde, Wasser, Feuer, Wind, Äther. Es wird als ein feines, nichtkörperliches Element gedacht, das nicht mit dem Menschen stirbt, sondern mit und durch die Saṃskāra nach dem Tode übrig bleibt, und der Keim zu einer neuen Existenz ist. Es ist identisch mit dem Liṅgaśarīra des Sāṃkhya (S. 66). Die Saṃskāra erzeugen es; es ist ihre Entwickelung, ihre Entfaltung, ihr Indieerscheinungtreten.

Eng damit verbunden ist der dritte Satz: „Aus der Denksubstanz entsteht Name und Form." „Name und Form" (Nāmarūpa) ist von alter Zeit her der Name für „Individuum", „Einzelwesen". So heißt es in der Muṇḍaka-Upaniṣad: „Wie die Flüsse, wenn sie in den Ozean fließen, Namen und Form verlieren und verschwinden, so geht der Weise, wenn er Namen und Form verloren hat, im höchsten himmlischen Geiste auf." Das Sāṃkhya und der Yoga haben diese Bezeichnung nicht. Statt seiner gebrauchen sie Ahaṃkāra, „das Ichmachen," „die Annahme eines Ich, einer Individualität". Das Sāṃkhya läßt aber den Ahaṃkāra aus der Buddhi entstehen, wie der Buddhismus Nāmarūpa aus dem der Buddhi parallelen Vijñāna. An der Identität kann also nicht gezweifelt werden.

Der vierte Satz ist: „Aus Namen und Form entstehen die sechs Organe." Die sechs Organe sind die fünf Sinne und der Geist (Manas), sowie ihre äußere Gestalt. Sowohl im Sāṃkhya wie im Buddhismus werden diese noch im einzelnen spezialisiert, was aber hier nicht in Betracht kommt. Der vierte Satz besagt nichts weiter als: „Nachdem das Individuum sich theoretisch gebildet, tritt es durch Beilegung der Organe praktisch in die Erscheinung."

Der fünfte Satz: „Aus den sechs Organen entsteht die Berührung," und der sechste: „Aus der Berührung entsteht die Empfindung," führen den im vierten Satz ausgesprochenen Gedanken weiter. Die sechs Organe treten nach ihrer Erschaffung mit den Objekten in Beziehung. Innenwelt und Außenwelt berühren sich und daraus entsteht als siebenter in der Reihe der „Durst", d. h. wie wir gesehen haben, der Wille zum Leben, die Lebenslust. Buddhistisch ist nur, daß gerade der Name „Durst" ausschließlich gebraucht wird. Auch der Yoga hat aber diesen Ausdruck in ganz gleichem Zusammenhange, wenn er auch häufiger „Lebenslust" und „Wunsch" gebraucht.

Der achte Satz lautet: „Aus dem Durste entsteht das Haften (Upādāna)," nämlich das Haften an der Existenz, das Befangenbleiben im Durste, das Hängen an den weltlichen Dingen, an den Freuden dieser Welt. Das Sāmkhya gebraucht für „Haften" den Ausdruck „Tugend und Laster" (Dharmādharmau), was im Grunde ganz dasselbe ist.

Ganz übereinstimmend ist wieder der neunte Satz: „Aus dem Haften entsteht das Werden (Bhava)." Für Bhava hat das Sāmkhya Samsrti, „Kreislauf der Geburten". Dafür wird sonst gewöhnlich Samsāra gebraucht, und dies ist ein Synonymum von Bhava. Der Satz besagt also: „Das Hängen am Irdischen führt zu ewigen, neuen Existenzen". Die Schlußsätze führen dies nur im einzelnen aus, indem sie Geburt, Alter und Tod, Schmerz und Klagen, Leid, Kummer und Verzweiflung nennen. Der theoretische Buddhismus hat also so ziemlich alles vom Sāmkhya-Yoga entlehnt.

Nächst dem Pratītyasamutpāda ist im Buddhismus die wichtigste Lehre die von den fünf Skandha. Skandha, Pali Khandha, ist ein ebenso vieldeutiges Wort wie Samskāra. Es bedeutet „Baumstamm", „Schulter", „Abteilung in einem Werke", „Menge", „Masse". Im buddhistischen Sinne bedeutet es die „Elemente des Seins", die Elemente, aus denen sich jedes denkende Wesen zusammensetzt. Solcher Skandha nimmt der Buddhismus fünf an: das Körperliche, die Empfindung, die Wahrnehmung, die Samskāra und das Vijñāna. Die beiden letzten Ausdrücke sind bereits aus der Kausalitätsformel bekannt. Als Skandha werden sie aber weiter gefaßt. Als Skandha sind die Samskāra 52 an Zahl. Sie bezeichnen als solche die geistigen Fähigkeiten, die Äußerungen des menschlichen Geistes, wie Überlegung, Freude, Gier, Haß, Eifersucht, Scham u. dgl. Sie sind also vorübergehende Eindrücke. Vijñāna dagegen bezeichnet als Skandha das unterscheidende, kritische Erkennen des Geistes, die Unterscheidung, ob eine Tat oder ein Gedanke gut und verdienstlich, oder schlecht und ohne Verdienst, oder keins von beiden ist. Das Vijñāna wird in 89 Unterabteilungen zerlegt und ist der wichtigste der fünf Skandha, oft fast so viel wie Geist (Manas) selbst. Wie die Samskāra und das Vijñāna werden auch die drei andern Skandha in Klassen geteilt.

Das aus den Skandha zusammengesetzte Wesen ist aber nach Buddha nichts Bleibendes, sondern etwas in ewigem Flusse und Wechsel Befindliches. Es gibt kein „Sein", sondern nur ein ewiges „Werden". Was wir „Persönlichkeit" oder „Ich" nennen, ist nur eine Summe von ununterbrochen aufeinander folgenden Bewegungen. Es gibt wohl Einzelelemente, aber kein Ganzes. Alles ist in ewigem Wechsel. Das bekannteste und viel besprochene Beispiel für diese Lehre ist das vom Wagen. Es findet sich bis jetzt ausführlich nur in einem Werke, das wohl erst dem zweiten Jahrhundert nach Chr. angehört, dem Milindapañha, „die Fragen des Milinda". Milinda ist König Menander, der um 120 vor Chr. in Indien regierte und von allen griechisch-indischen Königen seine Herrschaft am weitesten nach Indien hinein ausgedehnt hatte. Das Werk schildert eine Zusammenkunft des Königs mit dem buddhistischen Weisen Nāgasena. Bei Beginn ihres langen Gespräches fragt Nāgasena den König, ob er zu Fuß oder zu Wagen gekommen sei? Der König sagt, er gehe nicht zu Fuß; er sei zu Wagen gekommen. Nāgasena fordert ihn darauf auf, anzugeben, was der Wagen sei. „Ist die Deichsel der Wagen? Oder die Achse? Oder die Räder? Oder der Wagenkasten? Oder der Fahnenstock? Oder das Joch? Oder die Zügel? Oder die Peitsche? Oder Deichsel, Achse, Räder, Wagenkasten, Fahnenstock, Joch, Zügel, Peitsche zusammen?" Milinda muß alle Fragen verneinen und zugeben, daß „Wagen" nur ein Wort sei, daß es in Wahrheit keinen Wagen gebe. Nāgasena beruft sich zum Schlusse auf Verse, die die Nonne Vajrā (Pali Vajirā) vor dem Herrn gesprochen habe: „Wie nach Zusammenbringung der Teile das Wort dafür „Wagen" ist, so ist, wenn die Skandha vorhanden sind, der Sprachgebrauch dafür „ein Wesen". Oldenberg hat zuerst die Verse im Kanon nachgewiesen. Das Beispiel ist also alt. Auch das „Wesen" oder, wie gewöhnlich gesagt wird, das „Selbst", also das „Ich", ist nichts Bleibendes. Wiederholt belehrt Buddha seine Zuhörer, daß unwissende, ungläubige Menschen seit undenklichen Zeiten die Ansicht gehabt haben: „Das ist mein; das bin ich; das ist mein Selbst", daß aber der wissende, gläubige Mensch sich bei Betrachtung aller Dinge sagt: „Das ist nicht mein; das bin ich nicht; das ist nicht mein

Selbst". Wie von allen andern Dingen, gelte dies auch von der eigenen Persönlichkeit. Es heißt einmal: „Wenn zum Beispiel, ihr Mönche, ein Mensch in diesem Jetavana Gras, Holz, Äste, Laub nähme oder verbrenne, oder je nach Bedürfnis verwendete, würde euch der Gedanke kommen, der Mensch nimmt oder verbrennt oder verwendet je nach Bedürfnis uns?" „Nein, o Herr!" „Warum nicht?" „Es ist nicht unser Selbst und gehört nicht uns." „So auch, ihr Mönche, gehört das Körperliche, die Empfindung, die Wahrnehmung, die Samskāra, das Vijñāna nicht euch. Gebet sie auf! Sie werden euch nichts zum Heil und Glück nützen."

Dabei entstand die Frage, ob denn der Mensch nach dem Tode derselbe bleibe oder ein anderer werde, eine Frage, die für die Lehre von der Wiedergeburt und damit von der Vergeltung nach dem Tode von entscheidender Wichtigkeit ist. Im Milindapañha stellt Milinda diese Frage direkt. Nāgasena antwortet, es sei weder derselbe noch ein anderer, und sucht dies durch eine Reihe von Vergleichen zu beweisen, von denen der folgende als Beispiel dienen möge. „Wenn zum Beispiel, o Großkönig, ein Mann eine Lampe anzündete, würde diese die ganze Nacht brennen?" „Ja, Herr, sie könnte die ganze Nacht brennen." „Ist, o Großkönig, die Flamme in der ersten Nachtwache dieselbe wie in der zweiten?" „Nein, Herr." „Ist die Flamme in der zweiten Nachtwache dieselbe wie in der dritten?" „Nein, Herr." „War also, o Großkönig, die Lampe in der ersten Nachtwache eine andere als die in der zweiten, und diese wieder eine andere als die Lampe in der dritten?" „Nein, Herr; das Licht kam während der ganzen Nacht von derselben Lampe." „Ebenso, o Großkönig, folgen auch die Elemente der Daseinsformen auf einander. Das eine entsteht, das andere vergeht; ohne Anfang und Ende folgen sie unmittelbar aufeinander. Weder als derselbe noch als ein anderer kommt man zur letzten Zusammenfassung des Vijñāna." Die Person bleibt also dieselbe, nur die Elemente, aus denen sie zusammengesetzt ist, wechseln beständig. Jeder hat also auch die Folgen seiner Taten in dieser Geburt in der nächsten zu tragen.

Wie mit dem Körper, ist es auch mit der Seele. Buddha leugnet die Existenz einer Seele durchaus nicht. Was er leugnet, ist nur, daß es eine ewige, unwandelbare Seele gibt, die etwas vom Körper durchaus Verschiedenes und Getrenntes ist. Auch die Seele ist nur eine Masse von ewig wechselnden Einzelelementen. Die Buddhisten treten daher auch den Materialisten gegenüber, die behaupten, es gäbe keine Seele.

Um dieses ewig sich Wandelnde und Wechselnde darzustellen, wählt Buddha mit Vorliebe das Bild des Stromes, wie Heraklit, oder noch häufiger das Bild der Flamme. So schon in der Bergpredigt von Gayāśīrṣa (oben S. 30 f.) Als Kisāgotamī Nonne geworden war, zündete sie einst im Kloster eine Lampe an, und als sie die Flammen der Lampe vergehen und wieder erstehen sah, sprach sie: „Ebenso erstehen und vergehen auch die lebenden Wesen; die, welche das Nirvāṇa erreicht haben, werden nicht wiedergesehen." Buddha erschien ihr und bestätigte ihr dies mit denselben Worten. In den Therīgāthā erzählt die Nonne Paṭācārā, wie sie zur Erlösung gelangt ist. Zum Schlusse sagt sie: „Dann nahm ich eine Lampe, ging in das Kloster, sah mein Lager und legte mich auf das Bett. Ich nahm eine Nadel und zog damit den Docht heraus. Da kam mir Befreiung des Geistes, wie das Erlöschen der Lampe." Die Worte: „wie das Erlöschen der Lampe" lauten im Original in Pali: padīpasseva nibbānaṃ. Das Wort nibbāna, besser bekannt in der Sanskritform nirvāṇa, ist das Wort, in dem die Lehre des Buddha gipfelt. Nirvāṇa ist zusammengesetzt aus dem Präfix nis, „aus", „heraus", „weg", das vor tönenden Lauten zur nir wird, der Wurzel vā, „wehen", und dem Suffix des Participii Praeteriti Passivi na. Es bedeutet also wörtlich „ausgeweht", „erloschen", „ausgelöscht", substantivisch „das Auslöschen", „das Erlöschen". In diesem wörtlichen Sinne wird es oft gebraucht, wie in der eben angeführten Stelle. Sodann wird es übertragen auf das Erlöschen des Feuers der Lust. Wer die vier edlen Wahrheiten kennt, wer nach ihnen handelt, wer seine Leidenschaften völlig gebändigt hat, der erlangt schon auf Erden den Zustand seliger Ruhe, das Nirvāṇa. Der Heilige braucht nicht auf den Tod zu warten, um erlöst zu werden; er findet die Erlösung schon auf Erden. In den Theragāthā sagt der Thera Sāṃkṛtya: „Ich verlange nicht nach Tod, ich verlange nicht nach Leben. Ich warte auf meine Stunde, wie ein Knecht auf seinen Lohn. Ich verlange nicht nach Tod, ich verlange nicht nach Leben. Ich warte auf meine Stunde, voll Bewußtsein und Denken," alte Verse, die auch dem Śāriputra zugeschrieben werden und sich teilweise auch in der brahmanischen Literatur finden. Die Texte heben überaus oft hervor, daß für den Buddhisten Nirvāṇa zunächst und in erster Linie der Zustand der Sündlosigkeit und Leidlosigkeit ist. Einst kam der Wandermönch Jambukhādaka zu Sāriputra und sprach zu ihm: „Man sagt, o Bruder Sāriputra, Nirvāṇa, Nirvāṇa! Was ist denn nun, o Bruder, das Nirvāṇa?" Und Sāriputra antwortete: „Die Vernichtung der Leidenschaft, die Vernichtung der Sünde, die Vernichtung der Verblendung, das, o Bruder, ist Nirvāṇa." Auf die Frage des Jambukhādaka, ob es einen Weg zur Erlangung des Nirvāṇa gebe, empfiehlt Sāriputra ihm den edlen achtgliedrigen Weg. Im Dhammapada heißt es: „Wenn du dich nicht mehr aufregst, (still) wie eine gesprungene Glocke, dann hast du das Nirvāṇa erreicht; du wirst nicht mehr üble Rede führen." Und im Suttanipāta: „Wessen Leidenschaften vernichtet sind, wer frei ist von Hochmut, wer den ganzen Pfad der Lust bewältigt, wer sich bezwungen und das Nirvāṇa erreicht hat, fest an Geist, ein solcher wandelt richtig in der Welt." Es gibt also eine Erlösung schon bei Lebzeiten. Das ist wieder nichts dem Buddhismus Eigentümliches. Allen philosophischen Systemen Indiens ist der Gedanke gemeinsam, daß die Erlösung nur durch eine bestimmte Erkenntnis erreicht, dann aber auch nicht mehr verloren werden kann. Diese Erlösung bei Lebzeiten heißt Jīvanmukti, ein bei Lebzeiten Erlöster ein Jīvanmukta. Der Jīvanmukti der Brahmanen aber entspricht genau das Samdiṭṭhikaṃ Nibbānaṃ, „das Nirvāṇa bei Lebzeiten," der Buddhisten. Wenn also Buddha lehrte, daß das Nirvāṇa schon bei Lebzeiten erlangt werden kann, so folgte er nur den Anschauungen seiner Zeit und seiner Vorgänger. Einigermaßen neu war nur der Weg, den er einschlug. Nirvāṇa ist also zunächst nur das Erlöschen des Durstes, das Aufgeben der Freuden dieser Welt. Aber damit ist noch keine völlige Erlösung gewonnen. Die Erkenntnis hat nämlich keine rückwirkende Kraft auf die Taten, die ich vor der Erkenntnis ausgeführt habe, sie vernichtet nicht die Saṃskāra, die latenten Eindrücke. Die Folgen dieser Taten hat auch der bei Lebzeiten Erlöste zu tragen. Nach der Erkenntnis aber, und damit nach der Erlösung bei Lebzeiten, begeht der Erlöste keine Taten mehr, die für die Zukunft vorauswirken, da er gegen die Dinge dieser Welt gleichgültig ist. Mit der Erkenntnis, dem Schwinden des Nichtwissens, hört also die Möglichkeit guter und schlechter Werke und damit die Möglichkeit

Das Parinirvāṇa.

einer neuen Geburt auf. Der Kreislauf des Lebens schließt mit dem Tode. Der Erlöste stirbt, ohne wieder aufzuwachen. Im Suttanipāta wird erzählt, daß, als Buddha einst zu Āḷavī weilte, kurz zuvor der Älteste Nigrodhakappa, der Lehrer des Vaṅgīsa, des Improvisators unter den Ältesten, gestorben war. Vaṅgīsa wollte wissen, ob Nigrodhakappa das Nirvāṇa erreicht habe oder nicht und fragte Buddha: „Das fromme Leben, das Nigrodhakappa geführt hat, war das für ihn vergeblich? Ist er ins Nirvāṇa eingegangen, oder existieren seine Skandha noch?" Der Herr antwortete: „Er hat den Durst nach Namen und Form in dieser Welt vernichtet, den Strom Māras, in dem er sich lange Zeit befand; er hat Geburt und Tod restlos überwunden." „Er hat Geburt und Tod restlos überwunden" heißt, kein Rest der Skandha ist übrig geblieben; er wird nicht mehr wiedergeboren werden. Und als der Älteste Godhika sich selbst den Tod gegeben hatte, sagte Buddha: „Godhika, der Sohn guter Familie, ist ins Nirvāṇa eingegangen, ohne daß seine Denksubstanz sich irgendwo befindet," und: „Godhika ist ins Nirvāṇa eingegangen, nachdem er das Heer des Todes besiegt, keine Wiedergeburt mehr erlangt und den Durst mit der Wurzel ausgerissen hat." „Er ist ins Nirvāṇa eingegangen" ist im Original Parinibbuto, und so gebrauchen die Texte, wenn sie genau sprechen, von dem Zustande eines Toten, der die völlige Erlösung von der Wiedergeburt erlangt hat, stets Parinibbāna = Sanskrit Parinirvāṇa, oder seltener Sammānibbāna = Sanskrit Samyaṅnirvāṇa, „das völlige Nirvāṇa". Das Werk, das uns vom Tode Buddhas berichtet, heißt Mahāparinibbānasutta, und als Buddha gestorben war, wird von ihm nur der Ausdruck Parinibbuta gebraucht. Das Nirvāṇa hat also faktisch zwei Stufen: die Erlösung bei Lebzeiten, das Nirvāṇa schlechthin, und die Erlösung nach dem Tode, das Aufhören der Wiedergeburten, das Parinirvāṇa, nur ungenau auch Nirvāṇa schlechthin genannt[1]). Die erste Stufe ist die notwendige Vorbedingung für die zweite. Wer die richtige Erkenntnis der Lehre Buddhas erlangt hat und entschlossen ist, in ihr zu bleiben, der bekundet damit zugleich seine Absicht, nicht mehr wiedergeboren zu werden. So ist Nirvāṇa der Gegensatz zu Tṛṣṇā,

---

[1]) Daß zwischen Nirvāṇa und Parinirvāṇa zu scheiden ist, hat zuerst Rhys Davids richtig erkannt. Die Gleichsetzung von Jīvanmukti und Samdiṭṭhikaṃ Nibbānaṃ ist bisher übersehen worden.

„Durst". Ist Tṛṣṇā die Bejahung des Willens zum Leben, so ist Nirvāṇa seine Verneinung. Das Erlöschen des Durstes hat das Erlöschen des Lebens zur Folge, den ewigen Tod. Das ist die logische Konsequenz der Lehre Buddhas.

Es gibt nun eine Reihe von Stellen in den alten Texten, in denen Buddha die Frage über den Zustand nach dem Tode direkt abweist. Es ist daher die Behauptung aufgestellt worden, Buddha habe eine scharfe Formulierung des Begriffes Nirvāṇa vermieden, und das offizielle Dogma sei gewesen: Über den Zustand nach dem Tode hat der Vollendete nichts offenbart. Das ist nicht richtig. Allerdings weist Buddha die Frage ab, was aus dem Menschen nach dem Tode werde, aber nur, weil diese Frage für die Erlösung ganz unnötig sei. Er hat nicht den geringsten Zweifel daran gelassen, was das Ziel seiner Lehre ist: das Zuruhekommen aller Saṃskāra, d. h. aller Gedanken, die aus früheren Existenzen noch im Geiste sind, die Vernichtung der Denksubstanz, die Aufhebung aller Skandha — der ewige Tod. Daß dieses Ziel erreicht werden kann, erkennt der Mensch beim Eintritt in das erste Nirvāṇa, wo er bei Lebzeiten erlöst wird. Dann weiß er, daß diese Geburt seine letzte ist, daß es keine Wiedergeburt mehr für ihn gibt, daß er beim Tode das volle Nirvāṇa erlangt. So ist das erste Nirvāṇa für ihn die Ursache des Glücks, das kummerlose, unvergleichliche Land des Friedens, die ewige Stätte, wo man kein Leid kennt, ein Ort, den die buddhistischen Quellen mit glühenden Farben schildern. Ausdrücke, wie die eben angeführten, konnten sehr wohl zu der Vorstellung von einem Paradiese führen, und das ist in der Tat im nördlichen Buddhismus geschehen.

Buddha selbst aber hat so zweifellos sein Nirvāṇa nicht verstanden. Für ihn war es das völlige Erlöschen nach dem Tode, das Ende der Wiedergeburten. Und auch hier wieder ist Buddha kein Neuerer und Entdecker gewesen. Name und Ziel finden sich ganz gleich nicht nur bei den Brahmanen, sondern auch bei den Jainas und anderen Sekten. Als philosophisches System steht der Buddhismus, wie schon erwähnt, nicht hoch. Er ist ganz abhängig vom Sāṃkhya-Yoga und wurzelt durchaus in rein indischem Boden. Wollte aber Buddha überhaupt darauf rechnen, Jünger zu finden, so konnte er eine philosophische Begründung nicht entbehren. Der Gelehrte galt in Indien von ältester Zeit an nichts, wenn er nicht disputieren konnte, und

Buddha hat in seinem langen Leben sich oft mit streitlustigen Priestern aller Sekten in einen Redewettkampf eingelassen. Nirgendwo war es leichter ein neues philosophisches System zu gründen, als in Indien. Schon geringe Abweichung von einem älteren, bestehenden Systeme genügte, um als Gründer eines neuen zu erscheinen. So war es nicht bloß in der Philosophie, sondern auch in der Grammatik, Rhetorik, Medizin. Aber Buddha war das System nicht Selbstzweck, sondern nur Mittel zum Zweck, wie schon hervorgehoben (S. 51 f.). Dem Volke gegenüber war jedes System zwecklos, und ans Volk wandte sich Buddha. Waren die drei ersten edlen Wahrheiten sein philosophisches Bekenntnis, so ist die vierte, der Weg, der zur Aufhebung des Leidens führt, sein religiöses. Die vierte Wahrheit umfaßt die Ethik des Buddhismus. Sie ist es, die tief ins tägliche Leben einschneidet, und in der Buddhas Größe in hellem Lichte erscheint. Durch sie allein wird der Buddhismus zu einer Religion.

Die Predigt von Benares sagt darüber: „Dies, ihr Mönche, ist die edle Wahrheit von dem Wege, der zur Aufhebung des Leidens führt. Es ist dieser edle, achtgliedrige Weg, nämlich: rechter Glaube, rechtes Sichentschließen, rechtes Wort, rechte Tat, rechtes Leben, rechtes Sichbemühen, rechtes Gedenken, rechtes Sichversenken."

An der Spitze steht also der rechte Glaube, und das ist ja selbstverständlich. Der Lohn, den Buddha verheißt, wird nur dem Gläubigen zuteil, in erster Linie dem Mönche, der sich von dieser Welt losgesagt hat. Aber auch der Laie soll danach streben. Die Vorschriften für den Laien sind natürlich wesentlich andere als für den Mönch. Man wird ein buddhistischer Laie durch das dreimalige Aussprechen der „Drei Zufluchten": „Ich nehme meine Zuflucht zu Buddha; ich nehme meine Zuflucht zum Gesetz; ich nehme meine Zuflucht zur Gemeinde." Diese drei Sätze werden als die „Drei Kleinodien" bezeichnet.

Mit seinem Eintritt in die Kirche übernimmt der Laie die Verpflichtung, fünf Gebote zu beachten, die für alle Buddhisten bindend sind. Sie lauten: 1. Du sollst nicht töten; 2. du sollst nicht stehlen; 3. du sollst nicht unkeusch leben; 4. du sollst nicht lügen; 5. du sollst nicht berauschende Getränke trinken. Unter diese fünf Gebote werden alle Pflichten des Laien untergeordnet. Er kann sie nur dann treu erfüllen, wenn er die menschlichen

Leidenschaften bezwingt und dadurch sein Herz erlöst. Diese Erlösung des Herzens (Cetovimukti, Pali Cetovimutti) aber ist die Liebe (Maitri, Pali Mēttā).

Wie das Christentum, so stellt auch der Buddhismus als Kardinaltugend die Liebe auf. Am Schlusse der Predigt von Benares sagt Buddha: „Und mir ging die Erkenntnis und Einsicht auf: Unerschütterlich ist die Erlösung meines Herzens; das ist meine letzte Geburt; es gibt keine Wiedergeburt mehr (für mich)" (S. 29). Und am Schlusse der „Bergpredigt" heißt es: „Durch Befreiung von der Leidenschaft wird er erlöst. Wenn er erlöst ist, so erkennt er, daß er erlöst ist, und es wird ihm klar, daß die Wiedergeburt zu Ende, die Heiligung vollendet ist, daß er seine Pflicht getan hat, und daß es für ihn keine Rückkehr zu dieser Welt mehr gibt." Von den Zuhörern dieser Predigt aber wird gesagt: „Während dieser Auseinandersetzung aber wurden die Herzen der tausend Mönche ganz von den Leidenschaften erlöst." Und damit zieht die Liebe in ihr Herz. Sie ist die „Erlösung des Herzens". Alle, die bisher über den Buddhismus geschrieben haben, haben die Hauptstelle übersehen, die von der buddhistischen Liebe handelt. Sie lautet[1]): „Alle Mittel in diesem Leben, um sich religiöses Verdienst zu erwerben, ihr Mönche, haben nicht den Wert eines Sechzehntels der Liebe, der Erlösung des Herzens. Die Liebe, die Erlösung des Herzens, nimmt sie in sich auf und leuchtet und glänzt und strahlt. Und wie, ihr Mönche, aller Sternenschein nicht den Wert eines Sechzehntels des Mondscheins hat, sondern der Mondschein ihn in sich aufnimmt und leuchtet und glänzt und strahlt, so auch, ihr Mönche, haben alle Mittel in diesem Leben, um sich religiöses Verdienst zu erwerben, nicht den Wert eines Sechzehntels der Liebe, der Erlösung des Herzens. Die Liebe, die Erlösung des Herzens, nimmt sie in sich auf und leuchtet und glänzt und strahlt. Und wie, ihr Mönche, im letzten Monat der Regenzeit, im Herbste, die Sonne am klaren, wolkenfreien Himmel, am Himmel aufgehend, alles Dunkel im Luftraum beseitigt und leuchtet und glänzt und strahlt, und wie in der Nacht, am frühen Morgen, der Morgenstern leuchtet und glänzt und strahlt, so, ihr Mönche, haben alle Mittel in diesem Leben, um sich religiöses Verdienst zu erwerben, nicht den Wert eines Sechs-

---

[1]) Itivuttaka § 27.

zehntels der Liebe, der Erlösung des Herzens. Die Liebe, die Erlösung des Herzens, nimmt sie in sich auf und leuchtet und glänzt und strahlt." An einer andern Stelle heißt es: „Wer, ihr Mönche, am Morgen, Mittag und Abend ein Geschenk von je hundert Töpfen Speise macht, und wer am Morgen, Mittag und Abend auch nur einen Augenblick in seinem Herzen Liebe erzeugt, der zweite hat davon größeren Nutzen. Deswegen, ihr Mönche, sollt ihr so lernen: die Liebe, die Erlösung des Herzens, wollen wir erzeugen, steigern, befördern, uns aneignen, sie ausüben, uns gewinnen, sie richtig anwenden." Die Macht der Liebe wird als groß hingestellt. Wer Liebe hegt, der hat davon acht Vorteile: er schläft gut; er wacht gut auf; er träumt nicht schlecht; die Menschen haben ihn gern; alle andern Wesen haben ihn gern; die Götter schützen ihn; Feuer, Gift und Schwert tun ihm nichts an; auch wenn er nichts weiter sich aneignet, kommt er in die Welt des Brahman (= den höchsten Himmel). Wenn Buddha einen Menschen für sich gewinnen will, so „durchdringt er ihn mit dem Geiste der Liebe". Es wird erzählt, daß, als Buddha einst nach Kuśinagara kam, die Mallas bestimmten, daß jeder, der dem Herrn nicht zur Begrüßung entgegenging, eine Strafe von 500 Goldstücken bezahlen solle. Auch ein Freund des Ānanda, der Malla Roja, ging Buddha entgegen, worüber ihm Ānanda seine Freude aussprach. Er sagte aber, er mache sich nichts aus Buddha, dem Gesetz und der Gemeinde; er sei Buddha nur wegen der angedrohten Strafe entgegengegangen. Ānanda, darüber betrübt, ging zu Buddha, wies ihn darauf hin, daß Roja ein angesehener Mann, und seine Gewinnung für die Lehre nützlich sei und bat Buddha, ihn zu bekehren. Buddha „durchdrang ihn mit dem Geiste der Liebe", und Roja ging „durchdrungen mit dem Geiste der Liebe", „wie eine Kuh, die ein junges Kalb hat", von Vihāra zu Vihāra und fragte die Mönche nach dem Herrn, bis er ihn gefunden hatte. Er wurde dann bekehrt. Auch wilde Tiere bändigt die Macht der Liebe. Als Devadatta die Wächter des bösartigen Elefanten Nālāgiri bestochen hatte, den Elefanten gegen Buddha loszulassen, da „durchdrang Buddha den Elefanten mit dem Geiste der Liebe", und „durchdrungen mit dem Geiste der Liebe" blieb der Elefant mit erhobenem Rüssel vor Buddha stehen, der ihn mit der Hand streichelte. Von dieser Zeit an war Nālāgiri zahm, und die Leute sangen damals den Vers: „Manche bändigen mit Stock,

Haken und Peitsche; ohne Stock und Waffe wurde der Elefant
von dem großen Heiligen gebändigt." Als einst ein Mönch
durch den Biß einer Schlange gestorben war, schob Buddha die
Schuld darauf, daß der Mönch die vier Geschlechter der Schlangen-
könige nicht „mit dem Geiste der Liebe durchdrungen habe". Er
lehrte seine Jünger einen Spruch, der das älteste Beispiel aus
der buddhistischen Literatur für die später so beliebten Be-
schwörungsformeln ist. Der Sprechende versichert, daß er alle
Wesen liebe, die fußlosen, die zweifüßigen, die vierfüßigen, die
vielfüßigen.

Buddha schärfte den Seinigen immer von neuem ein, den
Geist der Liebe zu pflegen. Im Mēttasutta des Suttanipāta
heißt es: „Wie eine Mutter ihr Kind, ihr einziges Kind, mit
ihrem Leben schützt, so soll man gegen alle Wesen unermeßliche
Liebe erzeugen. Gegen alle Welt soll man unermeßliche Liebe
erzeugen, nach oben, nach unten, nach der Seite, uneingeschränkt,
ohne Feindschaft und Gegnerschaft. Stehend, gehend, sitzend,
liegend, so lange man wach ist, soll man diese Gesinnung ausüben. Das nennt man ein Leben in Gott." Liebe, Mitleid,
freundschaftliche Teilnahme und Gleichmut machen ein Leben in
Gott aus; sie sind die „Vier Unermeßlichen" oder, wie sie der
nördliche Buddhismus nennt, die „Vier Leben in Gott". Die
Quelle der drei letzten aber ist die Liebe (Mēttā), die stets an
der Spitze steht. Sie wird, wie wir sahen, hoch über alle
Werkheiligkeit gestellt. Alle Opfer, die fromme Könige darbringen,
sind nicht ein Sechszehntel eines Herzens wert, das die Liebe
erzeugt. Die Mönche sind auch, mit wenigen Ausnahmen,
Buddhas Ermahnung gefolgt. Es ist rührend zu lesen, mit
welcher Liebe sie Buddha begegneten, und wie sie auch untereinander in Liebe und Treue zusammenhielten. „Einst, so wird
erzählt, begab sich der Erhabene nach Prācīnavaṃśadāva („dem
östlichen Bambuswald"). Damals lebten dort der ehrwürdige
Anuruddha und der ehrwürdige Nandika und der ehrwürdige
Kimbila. Der Waldwärter sah den Erhabenen von ferne heran-
kommen, und als er den Erhabenen gesehen hatte, sprach er:
„Betritt diesen Wald nicht, Asket! Hier leben drei vornehme
Herrn, die sich stets gleichbleiben; störe sie nicht!" Der ehrwürdige Anuruddha hörte, wie der Waldwärter mit dem Erhabenen sprach, und als er es gehört hatte, sprach er zu dem
Waldwärter: „Bruder Waldwärter, hindere den Erhabenen nicht.

Unser erhabener Lehrer ist da." Und der ehrwürdige Anuruddha
ging zu dem ehrwürdigen Nandika und dem ehrwürdigen Kimbila
und sagte zu ihnen: „Kommt, Ehrwürdige, kommt Ehrwürdige,
unser erhabener Lehrer ist da!" Und der ehrwürdige Anuruddha
und der ehrwürdige Nandika und der ehrwürdige Kimbila gingen
dem Erhabenen entgegen; der eine nahm dem Erhabenen den
Bettelbopf und das Gewand ab, der andere machte ihm einen
Sitz zurecht, der andere brachte ihm Fußwasser, eine Fußbank
und ein Fußbecken. Der Erhabene setzte sich auf den zurecht=
gemachten Sitz und wusch sich die Füße. Und nachdem die
Ehrwürdigen den Erhabenen begrüßt hatten, setzten sie sich neben
ihn. Und zu dem ehrwürdigen Anuruddha der neben ihm saß,
sprach der Erhabene so: „Geht es euch leidlich, o Anuruddha?
Habt ihr zu leben? Habt ihr keine Not mit den Almosen?"
„Es geht uns leidlich, Erhabener. Wir haben zu leben, Er=
habener, und wir haben, o Herr, keine Not mit den Almosen."
„Lebt ihr, o Anuruddha, zusammen einträchtig, ohne Streit,
friedfertig, indem ihr euch einander mit freundschaftlichen Blicken
anseht?" „Wir leben, o Herr, zusammen einträchtig, ohne
Streit, friedfertig, indem wir uns einander mit freundschaftlichen
Blicken ansehen." „Und in welcher Weise tut ihr dies, o Anu=
ruddha?" „Ich denke, o Herr: es ist für mich ein Gewinn
und Glück, daß ich mit solchen Mitpriestern zusammen lebe. In
mir ist, o Herr, zu diesen Ehrwürdigen werktätige Liebe mit
Händen, Mund und Herz, offen und im Verborgenen entstanden.
Ich denke, o Herr: könnte ich doch meinen eigenen Willen unter=
drücken und nach dem Willen dieser Ehrwürdigen handeln. Und
ich habe, o Herr, meinen eigenen Willen unterdrückt und handle
nach dem Willen dieser Ehrwürdigen. Denn unsere Leiber,
o Herr, sind verschieden, aber unser Herz ist, glaube
ich, ein und dasselbe." Dieselbe Antwort erhielt Buddha
auf seine Frage auch von Nandika und Kimbila.

Gestalten, wie die dieser drei Mönche, sind in der Geschichte
des Buddhismus nicht vereinzelt. Sie zeigen, daß die Sittlich=
keit des Buddhismus doch etwas mehr ist als eine bloße „Ver=
ständigkeitsmoral". Es ist wahr, daß der Buddhismus die
ideale Forderung des Christentums, die Feinde zu lieben, nicht
gestellt hat. Er lehrt nur, nicht Haß mit Haß zu vergelten
und denen wohl zu tun, die uns hassen. Es heißt im Dhamma=
pada: „Glücklich wollen wir leben, feindschaftslos unter Feinden;

feindschaftslos wollen wir leben unter feindlichen Menschen."
„Durch Nichtzürnen überwinde man den Zorn; das Böse überwinde man mit Gutem; den Geizigen überwinde man mit Gaben; durch Wahrheit überwinde man den Lügner." „Nicht durch Feindschaft kommt in dieser Welt je Feindschaft zur Ruhe; durch Nichtfeindschaft kommt sie zur Ruhe. Das ist das ewige Gesetz." Mehr als nach christlicher Lehre wird nach buddhistischer dem Frommen Belohnung in Aussicht gestellt, und der Buddhist denkt an sie, wenn er Gutes tut. Aber in der Praxis gibt es im Buddhismus nicht weniger uneigennützige Fromme als im Christentum.

Es ist auch nicht richtig, wie Harnack tut, den Buddhismus eine Religion zu nennen, die „nicht aus einem Prinzip handelt", und in der „im Grundgedanken zu wenig, in den einzelnen Gesetzen zu viel normiert ist". Der Grundgedanke des Buddhismus ist die Maitrī, Pali Mëttā. Die Mëttā ist weder Mitleid, noch Freundschaftsgefühl, sondern die christliche Liebe. Mitleid ist Karuṇā, und Freundschaftsgefühl ist Muditā, die beiden auf Mëttā folgenden „Unermeßlichen". Karuṇā ist das „Traurigsein mit den Traurigen", Muditā das „Sichfreuen mit den Fröhlichen". Sie ergeben sich aus der Mëttā. Und die Mëttā wiederum wird im Herzen des Menschen erzeugt dadurch, daß er „Liebe (Rāga) und Haß (Dosa) aufgibt". Rāga ist die sinnliche Liebe, das Hängen an den Dingen dieser Welt, an Weib und Kind, an Hab und Gut, an den Freuden und Genüssen des Lebens. Mëttā ist die Nächstenliebe, die alle Wesen umfaßt, und die nur der erlangt, der sich von Rāga und Dosa frei macht. Nur dieser tritt in den Besitz der vierten „Unermeßlichen", der Upëkkhā (Sanskrit Upekṣā), des „Gleichmuts". Das Ideal dieser Tugend wird uns mit den Worten geschildert, die Buddha selbst in den Mund gelegt werden: „Die mir Schmerz zufügen und die mir Freude bereiten, gegen alle bin ich gleich; Anteilnahme und Unwillen finden sich bei mir nicht. Freude und Schmerz, Ehre und Unehre halten sich in mir die Wage; gegen alles bin ich gleich; das ist die Vollendung meines Gleichmuts (Upëkkhā)." Auf dieser Stufe ist der Mensch von den Leidenschaften erlöst und des ewigen Todes sicher (S. 76).

Wenn auch „die Sprache des Buddhismus keine Worte für die Poesie der christlichen Liebe hat, der das Loblied des

Paulus gilt" (Oldenberg), so wird doch niemand dem Loblicde Buddhas auf die Mettā, das ich aus dem Itivuttaka angeführt habe (S. 78 f.), Poesie und tiefe Empfindung absprechen können. So verkehrt es ist, das Christentum zugunsten des Buddhismus herabzusetzen, so ungerecht ist es, den Buddhismus zugunsten des Christentums zu verkleinern. In ihren Sittengesetzen stehen sich beide Religionen gleich, und in der Ausführung dieser Gesetze gehen die Buddhisten oft weiter als die Christen. So gleich bei dem ersten Gebote des Buddhismus: „Du sollst nicht töten."

Im Dhammikasutta des Suttanipāta heißt es: „Man soll nicht töten, noch irgend ein lebendes Wesen töten lassen, noch es billigen, wenn andere eins töten; sondern man soll sich enthalten, den Wesen ein Leid anzutun, sowohl denen, die stark sind, als denen, die in der Welt zittern." Mit diesem Gebote hängt, wie erwähnt (S. 36 f.), die Sitte des Regenzeithaltens zusammen. Gegen das erste Gebot sündigt nicht nur, wer selbst tötet, sondern auch, wer die Tötung befiehlt, ihr zuschaut, sie indirekt veranlaßt. Daher sind den Buddhisten die Tieropfer der Brahmanen ein Greuel, ebenso die Jagd und der Krieg. Jäger, Fischer, Fleischer werden zu den verachtetsten Ständen gerechnet. Streng durchgeführt, muß das Verbot natürlich Albernheiten zur Folge haben. Danach dürfte man auch schädliche und lästige Tiere nicht töten, was in Indien noch viel weniger angeht als bei uns. Dort plagt ja Ungeziefer aller Art den Menschen, und Tausende fallen alljährlich den Tigern und Schlangen zum Opfer. In der Praxis ist man auch nicht soweit gegangen. Daß aber das Verbot von günstigem Einflusse gewesen ist, dafür haben wir einen Beweis in den Inschriften des Königs Aśoka Priyadarśin (S. 68). Das erste Edikt lautet: „Hier (d. h. in meinem Reiche) darf kein Tier geschlachtet und geopfert und keine Festversammlung abgehalten werden. Denn der göttergeliebte König Priyadarśin findet viele Nachteile in den Festversammlungen. Es gibt aber manche Festversammlungen, die von dem göttergeliebten Könige Priyadarśin für gut gehalten werden. Früher wurden in der Küche des göttergeliebten Königs Priyadarśin viele Tausende von Tieren geschlachtet, um Brühe daraus zu bereiten. Jetzt, seit dieses Religionsedikt geschrieben worden ist, werden nur noch drei Tiere geschlachtet, zwei Pfauen und eine Gazelle, und die Gazelle nicht immer. In Zukunft werden aber auch diese drei Tiere nicht mehr geschlachtet werden." Deutlich spricht von der Sinnesänderung des Königs auch das dreizehnte Edikt, in dem er die Grausamkeiten tief bedauert, die er früher bei der Eroberung des Landes Kalinga begangen hatte.

Das erste Gebot wird aber von den Buddhisten auch noch so verstanden, daß man den lebenden Wesen in jeder Hinsicht Schonung angedeihen lassen müsse. Das zweite Edikt Asokas lautet: „Überall im Reiche des göttergeliebten Königs Priyadarsin und bei seinen Nachbarn . . . ., überall hat der göttergeliebte König Priyadarsin zwei (Arten von) Heilstätten einrichten lassen, Heilstätten für Menschen und Heilstätten für Tiere. Wo es keine für Menschen und Tiere zuträglichen Kräuter gibt, da hat er sie überall hinschaffen und anpflanzen lassen. Ebenso wo es keine Wurzeln und Früchte gibt, hat er sie hinschaffen und anpflanzen lassen. An den Straßen hat er Bäume pflanzen und Brunnen graben lassen zum Gebrauche für Tiere und Menschen." Überall in buddhistischen Ländern wird die Pflicht der Nächstenliebe auf die Tiere ausgedehnt. Einen hervorragenden Anteil an dieser weitgehenden Sorge für die Tiere hat ohne Zweifel die Lehre von der Seelenwanderung. Man war ja nie sicher, ob nicht in einem Tiere augenblicklich die Seele eines Verwandten wohne.

Das erste Gebot fordert also zugleich die weitgehendste Nächstenliebe. Und so ist keine Religion der Erde toleranter gewesen als der Buddhismus, der den geraden Gegensatz zum Islam bildet. Allein von allen großen Religionen hat er sich nie durch das Schwert, nie durch Gewalt auszubreiten gesucht. Der Buddhist hält zwar seine Religion für die beste, aber er läßt auch andern ihren Glauben. Diese Toleranz zeigt uns das zwölfte Edikt Asokas: „Der göttergeliebte König Priyadarsin ehrt alle Religionsgemeinschaften, ob sie wandernde oder ansässige sind, durch Geschenke und mannigfache Ehrenerweisung. Aber der Göttergeliebte legt nicht so großes Gewicht auf Geschenke und Ehrenerweisung als darauf, daß das, was ihre Eigentümlichkeit bildet, gedeihe. Das Gedeihen der Eigentümlichkeit aller Religionsgemeinschaften ist vielartig, die Grundlage dazu aber ist Vorsicht in der Rede, daß man nämlich nicht die eigene Religionsgemeinschaft hochpreist oder andere Religionsgemeinschaften schmäht oder ohne Grund (die Vorsicht in der Rede) gering achtet, sondern daß man bei gegebener Veranlassung fremde Religionsgemeinschaften ehrt. Wenn man bei gegebener Veranlassung so verfährt, fördert man die eigene Religion und tut auch der andern Religion Gutes. Wer anders verfährt, schädigt die eigene Religion und tut auch der andern Religion Übles. Denn wer immer seine eigene Religion hochpreist und eine andere Religion schmäht, der schädigt, während er die eigene Religion erhöhen will, um ihr Glanz zu verleihen, durch solches Tun die eigene Religion sehr. Einigkeit allein frommt, indem einer die Lehre des andern hört und gern hört." Diese Toleranz ist dem Buddhismus verderblich gewesen, namentlich überall, wo er mit dem Islam zusammentraf.

Das zweite Gebot lautet: „Du sollst nicht stehlen." Das Dhammikasutta sagt darüber: „Ein verständiger Jünger des Buddha soll an keinem Orte etwas nehmen, was ihm nicht gegeben worden ist; er soll auch keinen andern veranlassen etwas zu nehmen, noch billigen, daß jemand etwas nimmt. Er soll nichts nehmen, was ihm nicht gegeben worden ist." Auch dieses Gebot hat seine positive Seite und besagt dann: „Du sollst geben." Nächst der Liebe ist bei den Buddhisten keine Tugend so ausgebildet wie die Freigebigkeit, ja, manchmal kann es scheinen, als ob sie an die Spitze aller Tugenden gestellt werde. Dabei mag etwas Eigennutz im Spiele gewesen sein. Man muß bedenken, daß die Mönche nicht arbeiteten, sondern ganz auf die Freigebigkeit der Laien angewiesen waren. Es lag also in ihrem eigenen Interesse, diese Tugend möglichst hoch zu stellen. Von der Zeit des Ṛgveda an haben die indischen Priester dies vortrefflich verstanden. Im Dhammapada heißt es: „Geizige kommen nicht in die Welt der Götter; nur Toren rühmen nicht die Freigebigkeit. Der Weise erfreut sich an Freigebigkeit und wird dadurch in jener Welt glücklich." Das Verdienst und die Belohnung steigert sich nach der Gesinnung, mit der der Geber schenkt. Die Lehre des Christentums, daß Gott einen fröhlichen Geber lieb hat, ist auch die des Buddhismus. Wer unwillig gibt, hat von seiner Gabe keinen Nutzen, sondern Schaden. Als der Herr einst im Veḷuvana verweilte, so wird erzählt, kam dort ein Mann, der ein Bündel Zuckerrohr auf der Schulter hatte und an einem Zuckerrohr kaute. Hinter ihm ging ein tugendhafter, frommer buddhistischer Laie mit einem kleinen Knaben. Der Knabe verlangte unter Tränen nach einem Zuckerrohr. Der Mann aber gab ihm nichts. Als der Vater mit

Hinweis auf das laut weinende Kind um ein Stück Zuckerrohr bat, warf der Mann es ihm schließlich unwillig über die Schulter zu. Nach seinem Tode wurde er wegen seines Geizes unter den Gespenstern wiedergeboren und sein Lohn entsprach seinen Taten. Er wurde in einem großen mit langen Zuckerrohren bewachsenen Haine wiedergeboren. So oft er davon essen wollte, schlug ihn das Rohr, und er fiel ohnmächtig nieder. Er wurde durch Maudgalyāyana erlöst, der ihm riet, das Rohr mit abgewandtem Gesicht zu fassen, wie er einst das Stück dem Kinde zugeworfen hatte. Die Moral der Geschichte ist, daß alles in freundlicher Weise und gern gegeben werden muß. Auch kleine Geschenke tragen großen Lohn. Einst erzählte der Herr eine Geschichte von dem Sohne eines reichen Gildemeisters in Rājagṛha. Aus übergroßer Liebe hatten die Eltern ihren Sohn nichts lernen lassen, weil sie ihren Reichtum für so groß hielten, daß der Sohn ihn nicht vergeuden könne. Er geriet aber in schlechte Gesellschaft, verbrachte seine Zeit in Saus und Braus mit Schauspielern und Sängern, und kam schließlich an den Bettelstab. Im Asyl für Obdachlose traf er einst mit Dieben zusammen, die ihn überredeten, mit ihnen gemeinsam einen Diebstahl auszuführen. Dabei wurde er infolge seiner Ungeschicklichkeit ergriffen und zum Tode verurteilt. Auf dem Wege zum Richtplatz sah ihn eine Hetäre, mit der er früher Verkehr gehabt hatte. Von Mitleid über sein trauriges Geschick erfaßt, sandte sie ihm vier Stück Zuckerzeug und Wasser. In diesem Augenblicke sah Mahāmaudgalyāyana mit göttlichem Blick dessen Unglück und versuchte ihn aus der Hölle zu retten. Er erschien vor ihm, und der Verurteilte bot ihm mit gläubigem Herzen das Zuckerzeug und Wasser an. Dafür wurde er nach der Hinrichtung als ein Baumgott auf einem großen dichtschattigen Feigenbaum in einem Bergwalde geboren. Da er ein so vorzügliches Feld für gute Taten wie den Maudgalyāyana gehabt hatte, wäre er für seine gute Tat sogar in der Götterwelt wiedergeboren worden. Aber im Augenblicke des Todes dachte er dankbar an die Hetäre, und dadurch wurde sein Herz befleckt, so daß er sich mit dem Range eines Erdgeistes begnügen mußte. Dafür hatte er aber den Vorteil, später mit seiner geliebten Hetäre eine Woche vergnügt leben zu können. Der Herr aber sprach nach Erzählung dieser Geschichte die Verse: „Die Arhats gleichen dem Felde, die Geber den Pflügern, die Gabe dem

Samen; daraus entsteht die Frucht. Dieser Same, dieses Pflügen und dieses Feld kommen den Geistern der Toten und dem Geber zu gute. Die Geister der Toten genießen es, und der Geber wird durch seine fromme Tat erhöht. Wenn er hier Gutes tut und die Geister der Toten ehrt, kommt er in den Himmel, da er eine schöne Tat verrichtet hat."

Der Buddhist soll, wenn er andern Geschöpfen nützen kann, ohne Bedenken gern sein Leben opfern. Auch davon werden viele Geschichten erzählt. Die Freigebigkeit wird, wie bei den Brahmanen, namentlich auch den Königen zur Pflicht gemacht. Als die vier Tugenden, wodurch ein König sich populär machen kann und soll, werden genannt: Freigebigkeit, Freundlichkeit, Fleiß in Regierungsgeschäften und Unparteilichkeit. Die Freigebigkeit haben die buddhistischen Herrscher aller Zeiten in reichstem Maße geübt. Im dritten und elften Edikt nennt Aśoka Priyadarśin als verdienstlich und gesetzlich den Gehorsam gegen die Eltern, Freigebigkeit gegen Freunde, Bekannte, Verwandte, Brahmanen und Asketen, Nichttöten lebender Wesen und Enthaltung von Schmähungen gegen Andersgläubige. Im achten Edikt sagt er, auf seinen Reisen empfange er Asketen, Brahmanen und Greise, die er beschenke und an die er Gold verteile. Die buddhistischen Pilger aus China schildern, mit welcher Verschwendung die Könige bei den großen religiösen Versammlungen Geschenke austeilten. Wohltäter wie Anāthapiṇḍika (S. 37) und Viśākhā (S. 40) leben im Gedächtnis bis heute fort.

Das dritte Gebot ist: „Du sollst nicht unkeusch leben." Im Dhammikasutta heißt es darüber: „Der Verständige vermeide ein unkeusches Leben wie einen Haufen (brennender) Kohlen. Wenn er nicht imstande ist, ein keusches Leben zu führen, so vergreife er sich nicht an der Frau eines andern." Es gilt also für den Laien als verdienstlich, sich des Umgangs mit Frauen zu enthalten. Für den Mönch wurde dies gefordert. Der Buddhismus schreibt wie der Katholizismus den Zölibat vor. Für den Ehebruch wird die schwerste Strafe in Aussicht gestellt, die sich durch viele Geburten hinzieht. Das Dhammapada lehrt: „Allmählich und bei jeder Gelegenheit entferne der Verständige immer ein wenig von dem Rost an sich, wie der Schmied den am Silber. Rost, der am Eisen entsteht, frißt dieses von da an auf; so bringen den unverständig Handelnden seine Taten in die Hölle. Rost ist bei einer Frau schlechter Lebenswandel, Rost bei einem Geber Geiz; Rost sind sündhafte Neigungen in dieser und in jener Welt." „Vier Dinge erlangt ein unverständiger Mann, der sich mit der Frau eines andern einläßt: Sünde, Beilager ohne Genuß, Zurechtweisung, Hölle. Er begeht eine Sünde, der Genuß ist für ihn gering, da er und sie voll Angst (vor Entdeckung) sind, der König verhängt eine schwere Strafe. Deswegen soll sich ein Mann nicht mit der Frau eines andern einlassen." Der Suttanipāta sagt: „Wer sich mit den Frauen von Verwandten oder Freunden einläßt, mit Gewalt oder ihrem Einverständnis, der ist ein Ausgestoßener."

Das vierte Gebot lautet: „Du sollst nicht lügen." Das Dhammikasutta sagt davon: „Weder vor Gericht noch in einer Versammlung soll einer den andern belügen. Man soll niemanden zur Lüge verleiten, noch es billigen, daß einer lügt, sondern jede Art der Lüge vermeiden." Im Kokāliyasutta heißt es: „Im Munde des Menschen entsteht bei seiner Geburt eine Axt, mit der der Tor sich selbst verletzt, wenn er schlechte Rede führt. Wer einen lobt, der zu tadeln ist, oder einen tadelt, der zu loben ist, der wirft mit seinem Munde einen Unglückswurf und durch den Unglückswurf findet er kein Glück. Das ist ein unbedeutender Unglückswurf, durch den man beim Würfelspiel sein Geld verliert; der tut einen größeren Unglückswurf, der sich an Guten versündigt. Wer die Unwahrheit spricht, und wer leugnet, was er getan hat, kommt in die Hölle; beide niedrig handelnde Menschen sind nach ihrem Tode im Jenseits gleich. Wer einen nicht Schlechten schlecht macht, einen reinen, unschuldigen Mann, auf den Toren fällt die Sünde zurück, wie feiner Staub, der gegen den Wind geworfen wird." Die positive Seite des Gebotes ist: „Du sollst von deinem Nächsten nur Gutes reden." In einer seiner Reden sagt Buddha von dem Mönche: „Er läßt von Verleumdungen ab, hört mit Verleumdungen auf. Was er hier gehört hat, sagt er nicht dort wieder, um diese zu verunreinigen; was er dort gehört hat, sagt er nicht hier wieder, um jene zu verunreinigen. Er versöhnt, die sich verunreinigt haben und bestärkt, die sich geeinigt haben. Die Eintracht ist seine Wonne, die Eintracht ist seine Freude, die Eintracht ist seine Lust; Eintracht schaffende Worte spricht er. Er läßt von grober Rede ab, hört mit grober Rede auf. Er spricht tadellose, den Ohren angenehme, liebe, zu Herzen gehende, höfliche, der Menge liebe, der Menge angenehme Worte." Was hier vom Mönch gesagt wird, wird an einer andern Stelle mit genau denselben Worten als Eigenschaft Buddhas selbst angegeben und gilt für alle Menschen.

Das fünfte Gebot ist: „Du sollst nicht berauschende Getränke trinken." Das indische Klima erfordert Nüchternheit, so daß das völlige Verbot berauschender Getränke heilsam und notwendig war, um so mehr, als in alter Zeit die Inder starke Trinker waren. Das Dhammikasutta sagt: „Der Hausherr, der diesem Gesetze (d. h. der Lehre Buddhas) folgt, soll nicht berauschende Getränke trinken, noch andere veranlassen, sie zu trinken, noch es billigen, wenn andere sie trinken, weil er weiß, daß Wahnsinn das Ende ist. Denn in der Trunkenheit begehen die Toren Sünde und machen andere Leute trunken. Man soll diese Sünde vermeiden, die Wahnsinn erzeugt, zur Torheit verleitet und nur dem Dummen schön erscheint."

Das sind die fünf Gebote, die der Laie beachten muß. Wer es nicht tut, der gräbt sich, wie das Dhammapada sagt, selbst die Wurzel ab. Dazu kommen für den Mönch noch fünf weitere Gebote, im ganzen also zehn: 6. nicht zu unerlaubter Zeit zu essen; 7. nicht an Tanz, Gesang, Musik, Schauspielen teilzunehmen; 8. sich keiner Kränze, Parfüms und Schmucksachen zu bedienen; 9. nicht in hohem oder breitem Bette zu schlafen; 10. kein Gold und Silber anzunehmen. Auch für den Laien ist es verdienstlich, die drei ersten dieser Vorschriften zu beachten, sei es für sein ganzes Leben, oder nur für bestimmte Zeiten. Er gilt aber als irreligiös, wenn er sie nicht an den Upavasatha- (Pali Uposatha-)Tagen befolgt. Diese Upavasatha-Tage entsprechen unseren Sonntagen, insofern sie ein wöchentlich wiederkehrender Festtag sind. Upavasatha-Tage sind der Tag des Vollmonds, der Tag des Neumonds und je der achte Tag nach Voll- und Neumond. Der Name bedeutet „Fasttag". Im Brahmanismus war es der Tag vor dem großen Somaopfer, an dem gefastet wurde. Im Buddhismus aber war es kein Fasttag mehr, sondern ein Beichttag. An den Upavasatha-Tagen kleiden sich die Laien in ihre besten Kleider. Die Frommen enthalten sich ihrer Geschäfte und der weltlichen Vergnügungen. Sie gehen zu einem Priester und erklären ihm ihre Absicht, an diesem Tage die acht Gebote zu halten. Für die Priester findet am Tage des Voll- und Neumondes eine große Beichte statt, von der später die Rede sein wird.

Auf den Namen eines Frommen hat nach altindischer und altiranischer Anschauung, die auch ins Christentum übergegangen ist, der Anspruch, der weder mit Gedanken noch Worten noch Taten sündigt. Im Buddhismus ist diese Dreiteilung sehr gewöhnlich, und die Sünden werden danach in drei Klassen geteilt, in Sünden des Gedankens, des Wortes und des Körpers oder der Tat. Sünden des Gedankens sind: Habsucht, Bosheit, Zweifelsucht; Sünden des Wortes: Lüge, Verleumdung, Fluchen, eitles Geschwätz; Sünden des Körpers: Mord, Diebstahl, unerlaubter geschlechtlicher Verkehr, im ganzen also zehn. In dem Sigālovādasutta des Dīghanikāya wird ein Kodex der Sittlichkeit aufgestellt, der kaum eine Lücke aufweist. Von diesem Sutta hat Childers schon mit Recht bemerkt, daß es uns nicht eine „gefrorene Welt des Buddhismus" bietet, sondern daß es voll ist von dem Enthusiasmus der Menschlichkeit. Das Verhältnis zwischen Eltern und Kindern, Lehrer und Schüler, Mann und Frau, Herrn und Diener, zwischen Freunden, Laien und Mönchen wird in klarer Weise auseinandergesetzt, die gegenseitigen Pflichten genau vorgezeichnet. Von Eltern und Kindern z. B. wird dort gesagt: „In fünffacher Art soll ein Sohn für seine Eltern sorgen. Er soll sagen: „Ich will sie ernähren, wie sie mich ernährt haben; ich will für sie die Arbeit tun; ich will mein Geschlecht fortpflanzen; ich will mein Erbe antreten; ich will ihnen, wenn sie gestorben sind, Ehren erweisen." In fünffacher Art zeigen die Eltern ihre Liebe zu ihrem Sohn: sie halten ihn von der Sünde ab, unterweisen ihn in der Tugend, lassen ihn etwas Tüchtiges lernen, verschaffen ihm eine passende Frau und übergeben ihm seinerzeit ein Erbe." Von Herrn und Dienern heißt es: „In fünffacher Art soll ein Herr für seine Diener sorgen. Er soll ihnen Arbeit nach ihren Kräften zuweisen, ihnen Nahrung und Lohn geben, sie pflegen, wenn sie krank sind, sie an außergewöhnlichen Genüssen teilnehmen lassen und zur rechten Zeit ihnen Erholung gewähren. In fünffacher Art bezeigen sie ihm ihre Liebe. Sie stehen früher auf als er und gehen später als er zu Bett, sind zufrieden mit dem, was ihnen gegeben wird, tun ihre Arbeit gut und reden von ihrem Herrn Gutes." Das Sutta schließt: „Freigebigkeit, freundliche Rede, wohlwollendes Benehmen, Selbstlosigkeit gegen alle Wesen, überall, wie es sich gehört, diese Eigenschaften sind für die Welt, was die Nabe für das Rad ist. Wären diese Eigenschaften nicht vorhanden, so würden weder Mutter noch Vater von den Kindern Ehre und Achtung erhalten. Und weil Kluge diese Eigenschaften pflegen, deswegen gedeihen sie und werden gelobt."

Die erste Stufe des Heilsweges, der rechte Glaube, war die unerläßliche Bedingung für jeden, der überhaupt den Heilsweg beschreiten wollte. Die nächsten fünf Stufen: rechtes Sichentschließen, rechtes Wort, rechte Tat, rechtes Leben, rechtes Sichbemühen, umfassen die in den fünf Geboten den Laien vorgeschriebenen Pflichten, besonders auch die Pflichten gegen den Nächsten. Die beiden letzten Stufen: rechtes Gedenken und rechtes Sichversenken haben es, wie die erste, wieder nur mit dem einzelnen Individuum für sich zu tun. Der Buddhismus kennt, wie wir sahen, zwar Götter, aber keinen Gott. Und daher hat er auch kein Gebet. Er hat Bekenntnisformeln, Lobsprüche und Loblieder auf Buddha und die Kirche, aber kein Gebet. Zu wem hätte der Buddhist auch beten sollen? Buddha ist für ihn stets ein Mensch geblieben. Mit seinem Eingange ins Parinirvāṇa ist er jedem Dasein entrückt; er existiert nicht mehr. Die spätere Zeit hat sich Gegenstände äußerer Verehrung geschaffen, und sie hat auch das Gebet, sogar in häufigerer und mechanischerer Anwendung als andere Religionen. Aber dem alten Buddhismus ist das Gebet fremd; an seiner Stelle erscheint die Versenkung. Sie kann aber nur der Mönch ausüben. Die Texte unterscheiden vier Stufen der religiösen Versenkung. Der Mönch, der sich der Versenkung hingeben will, zieht sich an einen ruhigen, abgeschlossenen Ort zurück, setzt sich mit übereinandergeschlagenen Beinen hin, „den Körper gerade aufgerichtet, das Antlitz mit wachsamen Denken umgebend." So konzentrierte er seinen Geist auf einen Punkt, er suchte, wie man sagte, einen „Stützpunkt". So wird erzählt, daß ein Mönch, der Versenkung üben wollte, einst am Ufer des Flusses Aciravatī saß und dort den Schaum der Wellen entstehen und bald wieder vergehen sah. Da kam ihm der Gedanke, wie der Schaum dieser Wellen, so entsteht und vergeht auch der menschliche Leib. Diesen Gedanken nahm er sich zum Ausgangspunkt für seine Versenkung; er wurde sein „Stützpunkt". Wenn der Mönch dann so in Gedanken versunken dasitzt, wird sein Geist allmählich mit Begeisterung und Klarheit angefüllt. Die Lust und bösen Neigungen schwinden; aber der Geist wird noch beherrscht vom Überlegen und Erwägen des „Stützpunktes". Das ist die erste Stufe. Die zweite Stufe ist, daß der Geist sich von diesem Überlegen und Erwägen frei macht, daß er zur Gewißheit gelangt, und nur die Begeisterung und Klarheit übrig bleiben. Auf der dritten Stufe befreit er sich von der Begeisterung und damit von Freude und Leid. Auf der vierten Stufe wird der Geist völlig gleichgültig gegen alles; der Atem stockt. Auf dieser Stufe glaubte man in die Vergangenheit zurückblicken und seine früheren Geburten erkennen zu können. Jetzt wähnte man auch imstande zu sein, sich übernatürliche Kräfte zu erwerben, Wunder zu wirken, die Gedanken anderer zu erkennen, sein eigenes Ich zu vervielfältigen und beliebig zu versetzen. Es wird oft hervorgehoben, daß der Mönch, der die vierte Stufe der Versenkung erreicht hat, dem Nirvāna nahe ist, und die spätere Zeit hat die Lehre entwickelt, daß man durch Versenkung in einem der Himmel wiedergeboren wird. Um in den für die Versenkung nötigen Zustand zu kommen, wählte man nicht immer den Weg mittels des „Stützpunktes". Auch die Hypnose durch Hinstarren auf einen bunten oder blitzenden Gegenstand war wohl bekannt. Die Seligkeit der Versenkung wird zuweilen mit begeisterten Worten geschildert. So sagt der Älteste Bhūta in den Theragāthā: „Wenn am Himmel die Trommel der Wolke ertönt, wenn Regenströme rings den Luftpfad erfüllen und der Mönch in einer Berghöhle sich der Versenkung hingibt — eine größere Freude als diese gibt es für ihn nicht. Wenn er am Ufer blumengeschmückter Flüsse, die mit bunter Krone wohlbuftenden Grases bekränzt sind, fröhlich sitzt, der Versenkung hingegeben — eine größere Freude als diese gibt es für ihn nicht. Wenn in der Nacht, in der Einsamkeit, im Walde, wenn es regnet und die wilden Tiere brüllen, der Mönch in einer Berghöhle sich der Versenkung hingibt — eine größere Freude als diese gibt es für ihn nicht."

Unter den Übungen dieser Art war bei den Mönchen besonders beliebt die Übung des „Ein- und Ausatmens", die Buddha eine treffliche und freudenreiche nannte. Sie bestand darin, daß der Mönch sich wie zur Versenkung hinsetzte und nun auf seine Atemzüge acht gab. Wenn er einen langen Atemzug tat, so wußte er: „ich atme einen langen Atemzug ein (oder aus);" ebenso bei einem kurzen. Auch dadurch wurde

Die vier Wege.

der Geist von den Dingen dieser Welt abgelenkt und konzentriert. Diese Übungen und die Versenkung zeigen, wie nahe Buddha noch dem Yoga stand, obwohl er alle Askese verwarf.

Wie vier Stufen der Versenkung, so werden auch vier Stufen der Heiligkeit unterschieden, die „vier Wege". Die Personen, die sich in diesen Stadien befinden, heißen der Reihe nach Srotaāpanna (Pali Sotāpanna), Sakṛdāgāmin (Pali Sakadāgāmi), Anāgāmin (Pali Anāgāmi) und Arhat (Pali Arahā oder Arahaṃ). Srotaāpanna heißt wörtlich: „der in den Strom gelangt ist," d. h. der den Pfad der Heiligkeit betreten hat. Die Srotaāpanna sind die unterste Stufe der Bekehrten. Srotaāpanna wird jeder, der die „drei Zufluchten" (S. 77) ausspricht und daran das folgende Gelübde schließt: „Er ist der Erhabene, der Heilige, der Völligerleuchtete, der Wissen und sittlichen Lebenswandel Besitzende, der Vollendete, der die Welten kennt, der Höchste, der die Menschentiere bändigt, der Lehrer der Götter und Menschen, Buddha der Herr. Wohlverkündigt ist von dem Herrn das Gesetz. Es ist sichtbar auf Erden, unmittelbar erschienen, einladend, zum Heil führend, von jedem Verständigen zu erlernen. Richtig lebt die Gemeinde der Jünger des Herrn; gerade lebt die Gemeinde der Jünger des Herrn; recht lebt die Gemeinde der Jünger des Herrn; angemessen lebt die Gemeinde der Jünger des Herrn. Die vier Paare und die acht Persönlichkeiten[1]), das ist die Gemeinde der Jünger des Herrn. Sie ist würdig der Darbringungen, würdig der Spenden, würdig der Gaben, würdig ehrfurchtsvoller Begrüßung, das höchste Feld für gute Taten der Menschen. Nach den Geboten will ich leben, die den Edlen lieb sind, die unverletzt, lückenlos, fleckenlos, makellos, frei, von den Verständigen gepriesen, unbeeinflußt sind und zur Versenkung führen."

Der Srotaāpanna ist befreit von der Geburt in den niederen Welten: den Höllen, der Welt der Gespenster und der Tierwelt. Er ist der Erlösung sicher, muß aber noch siebenmal wiedergeboren werden, ehe er das höchste Nirvāṇa erlangt.

Die zweite Stufe ist die des Sakṛdāgāmin, „der noch einmal zurückkehrt." Er hat Begier, Haß und Betörung bis auf

---

[1]) Die vier Paare sind die oben genannten vier Stufen der Heiligkeit und Versenkung, die acht Persönlichkeiten, gewöhnlich die acht edlen Persönlichkeiten genannt, sind die Menschen, die in je eine dieser Stufen eintreten und bis zum Ende in ihr beharren, also den Lohn empfangen.

einen kleinen Rest vernichtet und wird daher nur noch einmal auf dieser Welt wiedergeboren werden.

Der Anāgāmin, „der nicht wieder zurückkehrt," wird nicht mehr auf der Erde wiedergeboren, sondern nur noch einmal in einer der Götterwelten, von wo aus er das höchste Nirvāṇa erlangt.

Die vierte und höchste Stufe ist die des Arhat. Sie kann kein Laie erreichen, sondern nur ein Mönch. Der Arhat ist es, der das irdische Nirvāṇa erlangt, der frei ist von allen Sünden, der alles Verlangen nach Dasein aufgegeben hat und sich unerschütterlichen Gleichmuts erfreut. Buddha hat gesagt: „Die Arhats sind erlöst von Furcht und Angst."

Außer dieser Einteilung in vier Rangstufen kennen die nördlichen Buddhisten noch eine andere in drei Klassen: Srāvaka, „Schüler", „Jünger", „Zuhörer", Pratyekabuddha, „Buddha für sich" und Bodhisattva, „Zukunftsbuddha". Die erste Klasse umfaßt alle Gläubigen bis hinauf zum Arhat. Die Pratyekabuddhās (Pali Paccekabuddhā) sind schon den alten Pali-Texten wohlbekannt, erscheinen aber ziemlich selten. Man denkt sich darunter Männer, die aus eigener Kraft die Kenntnis erworben haben, die für die Erreichung des Nirvāṇa nötig ist. Sie behalten aber diese Kenntnis für sich, verkündigen sie nicht den Menschen, sind also, wie ihr Name es besagt, Buddhas für sich allein. Später hat sich die Lehre herausgebildet, daß die Pratyekabuddhās nie gleichzeitig mit einem vollendeten Buddha auftreten. Diese Lehre ist nicht ursprünglich, wie die alten Texte zeigen, in denen der Pratyekabuddha nur eine Stufe höher ist als der Arhat. Er kann für sich das höchste Nirvāṇa erreichen, aber er kann das Gesetz nicht andern verkündigen, „so wie ein Stummer wohl einen wichtigen Traum haben, aber ihn nicht andern erklären kann," oder „wie ein Wilder, der eine Stadt betritt und von einem achtungswerten Bürger, der ihn trifft, bewirtet wird, nach seiner Rückkehr in den Wald nicht imstande ist, seinen Mitwilden eine Idee zu geben von der Speise, die er genossen hat, weil sie nicht an solche Speise gewöhnt sind". In der Legende erscheinen die Pratyekabuddhās stets als Einsiedler mit langem Barte und struppigem Haare, und sie werden gern mit dem einsam wandelnden Nashorn verglichen, ein Vergleich, der für den buddhistischen Mönch überhaupt beliebt ist.

Bodhisattva und Buddha.

Die Bodhisattvās (Pali Bodhisattā) sind die Wesen, die bestimmt sind, dereinst Buddhas zu werden. So war Buddha bis zu seinem 34. Lebensjahr ein Bodhisattva. Ein solcher kann als Tier wiedergeboren werden; er bleibt deswegen doch ein Bodhisattva, begeht aber in keiner Existenz Sünden.

Hoch über allen andern Wesen steht der heilige, erhabene Buddha, der erleuchtete oder völlig erleuchtete. Die gewöhnliche Lobpreisungsformel, die an der Spitze jeder Pali-Handschrift und jedes Pali-Buches steht, ist: namo tassa bhagavato arahato sammāsambuddhassa, „Verehrung dem Erhabenen, Heiligen, Vollständigerleuchteten!" Man sagt von Buddha, daß ihm niemand gleich sei unter den Nichtfüßlern, den Zweifüßlern, den Vierfüßlern, niemand in der Welt der Formen und der formlosen Welt, kein Gott, kein Brahman. Selbst Milliarden von Pratyekabuddhās wiegen einen einzigen vollendeten Buddha nicht auf. Niemand kann seine Hoheit und Herrlichkeit ergründen. Wenn jemand auch tausend Köpfe hätte und in jedem hundert Münder und in jedem Munde hundert Zungen, so würde doch die Dauer eines ganzen Weltalters nicht ausreichen, um die Eigenschaften eines Buddha auch nur herzusagen. Die scholastische Systematik der späteren Zeit hat indes doch aus diesen unzählbaren Eigenschaften eine kleinere Zahl charakteristischer Merkmale hervorgehoben, und zwar schreibt sie Buddha 10 Buddhakräfte, 32 „Merkmale eines großen Mannes" und 80 oder 84 geringere Kennzeichen zu. Unter den 32 Merkmalen sind zwei erwähnenswert, weil sie stets auf den Bildern Buddhas erscheinen, der sogenannte Uṣṇīṣa und die Haartracht. Der Uṣṇīṣa ist eine Art Krone auf dem Kopfe des Buddha. Meist erscheint er auf den Bildern und Statuen als ein seltsamer Auswuchs mitten auf dem Schädel, bald rundlich, bald spitz, bald oben gespalten, bald flammenartig, oft so hoch, daß er dem Kopfe an Höhe gleichkommt. Man hat die Vermutung ausgesprochen, daß Buddha wirklich auf dem Kopfe einen Auswuchs gehabt habe. Indes das ist sehr unwahrscheinlich, da die Texte davon nichts erwähnen. Wir dürfen unbedenklich glauben, was der Brahmane Soṇadaṇḍa sagt, daß Buddha ein schöner, gut aussehender, stattlicher Mann mit ausgezeichnetem Teint war. Denn seine Persönlichkeit hat ohne Zweifel zu seinem Erfolge viel beigetragen.

Die Haupthaare werden dargestellt als sehr dunkel, blauschwarz wie Augensalbe oder der Schweif eines Pfaus, gelockt und nach rechts gewandt. Die Schwärze und Steifheit der Haare hat Sir William Jones zu der Behauptung veranlaßt, Buddha sei ein Afrikaner gewesen. Zwischen den Augenbrauen hat Buddha ferner eine Art Knäuel, die Ūrṇā, Pali Uṇṇā, die den Glanz des Schnees oder Silbers hat. Von hier aus sendet er die Strahlen, mit denen er alle Welten bis in die tiefste Hölle hinein erleuchtet. Sie findet sich aber nicht auf allen Bildern. Später nahm man auch an, daß auf jeder Fußsohle des Buddha sich 108 Merkmale befanden, Figuren, wie das Rad mit 1000 Speichen, der Götterberg Meru, Elefant, Löwe, Tiger, Lotos, das Hakenkreuz (der Svastika; S. 46) u. dgl. Dazu kommen dann noch höchst umständliche, ermüdende und törichte Beschreibungen der Person Buddhas, von denen die alten Texte nichts wissen. Aber immer bleibt Buddha ein Mensch, zwar ein vollkommener, aber doch ein sterblicher Mensch. Ja, er ist nicht einmal der einzige Buddha, der auf Erden erschienen ist. Nach allgemein indischer Vorstellung ist die Welt in bestimmten großen Zeiträumen, Kalpa genannt, dem Untergange verfallen, um sich dann wieder zu erneuern. Die Lebensdauer der Menschen in diesen Weltperioden ist ganz verschieden. Die kürzeste ist zehn Jahre, die längste unberechenbar. Die Buddhisten unterscheiden „leere Kalpas" und „nichtleere Kalpas". „Leere Kalpas" sind die, in denen kein Buddha erschienen ist, „nichtleere Kalpas" die, in denen ein Buddha aufgetreten ist, weshalb ein solcher Kalpa auch ein Buddhakalpa heißt. In einem Kalpa können auch mehrere Buddhas auftreten, bis zu fünf. Ein Kalpa mit fünf Buddhas heißt ein Bhadrakalpa, „ein gesegnetes Weltalter". Ein solches ist das unsrige. Unser Buddha ist der vierte, der fünfte wird noch erscheinen. Er wird Maitreya, Pali Mëttëyya, sein, auf den die Buddhisten hoffen, wie die Juden auf den Messias. Er wird in 3000 Jahren erscheinen und eine neue Ära eröffnen; jetzt ist er Bodhisattva. Wie es unzählige Weltalter gegeben hat, so auch unzählige Buddhas. Die Namen der letzten 27 werden überliefert, von 24 außerdem eine kurze Lebensbeschreibung in Versen, der Buddhavaṃsa, der in den südlichen Kanon aufgenommen worden ist. Es versteht sich von selbst, daß alle diese 24 Buddhas mythische Persönlichkeiten sind. Ihre Lebensbeschreibung ist nach einer ganz bestimmten Schablone gearbeitet. Jeder hat, wie unser Buddha, seine Hauptschüler und Hauptschülerinnen und seinen Baum der Erkenntnis. Es werden die Namen seiner Eltern und Hauptverehrer angegeben und erzählt, wodurch er sich zur Buddhawürde aufgeschwungen hat. Alter und Körpergröße dieser Buddhas waren verschieden. Einzelne wurden 100 000 Jahre alt, andere nur 20 000; der größte maß 90 Fuß, der kleinste nur 20. Der Glaube an die historische Persönlichkeit wenigstens der drei Vorgänger unseres Buddha wird dadurch bewiesen, daß dem zweiten, Koṇāgamana, ein Reliquienhügel errichtet worden war, den Aśoka Priyadarśin 14 Jahre nach Antritt seiner Regierung zum zweiten Male erhöhen ließ, wie eine im Jahre 1895 gefundene Inschrift besagt.

Die nördlichen Buddhisten kennen noch mehr Buddhas. Aber nur die sieben letzten, einschließlich unseres Buddha, spielen eine Rolle. Diese werden als Mānuṣibuddhas bezeichnet, „Buddhas von menschlicher Art". Drei werden ins goldene Zeitalter versetzt, zwei ins silberne, einer ins kupferne, und unser Buddha ins eiserne. In bezug auf diese sieben Buddhas stimmt die nördliche und südliche Tradition bis auf geringe Abweichungen genau überein. Neben diesen Mānuṣibuddhas haben die nördlichen Buddhisten ferner fünf Dhyānibuddhas, „Buddhas der Reflexion", d. h. aus der Reflexion hervorgegangene, immaterielle Buddhas. Man glaubte in der nördlichen Kirche später, daß jeder Buddha, der auf der Erde in menschlicher Gestalt erscheint, zugleich sich auch in der übersinnlichen Welt offenbart, ohne Namen und Gestalt. Der irdische Buddha galt also nach dieser Auffassung immer nur als ein Abbild, eine Emanation eines himmlischen Buddha. Jeder Mānuṣibuddha hat seinen Dhyānibuddha, sein verklärtes Selbst, im Himmel. Diese Dhyānibuddhas sind faktisch Götter. Sie haben keine Eltern, aber jeder hat einen Sohn, den er durch Emanation erzeugt hat, um das gute Gesetz auf der Erde zu überwachen. Diese Söhne sind Dhyānibodhisattvas. So ist unser Gautama der Mānuṣibuddha; sein Dhyānibuddha heißt Amitābha, sein Dhyānibodhisattva heißt Padmapāṇi, „der einen Lotos in der Hand hat". Dadurch ist Padmapāṇi zu einer der wichtigsten Stellungen in der nördlichen Kirche gelangt. Bekannter als Padmapāṇi ist sein Name Avalokiteśvara, „Herr des Anschauens," d. h. der Herr, der gnädig auf die Menschen herabsieht. Avalokiteśvara ist bei den nördlichen

Buddhisten völlig zum Gott geworden. Er ist es, von dem sie Hilfe in aller Not und Bedrängnis erwarten, und den sie deshalb auch am meisten mit Gebeten verehren. Auf ihn bezieht sich die heilige Gebetformel: Oṃ maṇi padme huṃ: „Ja, du Kleinod im Lotos! Amen!"[1]) Dieses Gebet ist so ziemlich das einzige, was der gemeine Mann in Tibet und der Mongolei vom Buddhismus kennt. Diese sechs Silben sind „die ersten, die das Kind stammeln lernt, sie der letzte Seufzer des Sterbenden. Der Wanderer murmelt sie auf seinem Wege vor sich her, der Hirt bei seiner Herde, die Frau bei ihren häuslichen Arbeiten, der Mönch in allen Stadien der Beschauung, d. h. des Nichtstuns; sie sind zugleich Feld- und Triumphgeschrei."[2]) Das Gebet steht an allen Lamentempeln, oft in Sanskritschrift. Es findet sich überall, wo der Lamaismus herrscht, auf Felsen, Bäumen, Mauern. Es wird auf Fahnen und Papierstreifen geschrieben, die mittels Maschinen bewegt werden. Kein Gebet wird so viel hergesagt und ist so oft geschrieben worden, wie dieses. Es wird oft überschwänglich gepriesen als der Inbegriff aller Religion und Weisheit und mystisch gedeutet.

Wie Viṣṇu bei den Brahmanen, so nimmt Avalokiteśvara bei den nördlichen Buddhisten alle möglichen Arten von Existenzen auf sich. Er erscheint in der Hölle, unter Löwen, in Gestalt eines Pferdes, als Wirbelwind. Wann seine Verehrung aufgekommen ist, können wir noch nicht bestimmt sagen. Er wird bereits in einem Werke erwähnt, das schon im 3. Jahrhundert nach Chr. ins Chinesische übersetzt worden ist, also erheblich älter sein muß. Der chinesische Pilger Fa hian fand um 400 n. Chr. den Kultus des Avalokiteśvara zu Mathurā an der Yamunā und bemerkt, daß ihm von den Anhängern des Mahāyāna Verehrung erwiesen würde. Er selbst rief Avalokiteśvara, nicht Buddha, um Hilfe an, als sein Schiff auf der Heimfahrt nach China in einen großen Sturm geriet, und er Gefahr lief, alle seine heiligen Bücher und Bilder zu verlieren, die er in Indien gesammelt hatte. Etwa 200 Jahre später, als Huan Thsang Indien besuchte, stand Avalokiteśvara dort immer noch in großen

---

[1]) Avalokiteśvara wird zuweilen dargestellt als aus einem Lotos geboren, wie er ja auch einen Lotos in der Hand trägt, wonach er Padmapāṇi heißt. Oṃ ist eine Interjektion der feierlichen Bekräftigung und Verehrung.

[2]) Köppen II, 59.

Ehren. Seine Bildsäule fand sich überall, selbst in Magadha, dem Heimatlande des Buddhismus, sogar in unmittelbarster Nähe des Baumes der Erleuchtung (S. 24). Huan Thsang berichtet, es sei allgemeiner Glaube gewesen, daß das Gesetz des Buddha gänzlich erlöschen werde, wenn der Leib des Avalokiteśvara unsichtbar geworden sei.

Ob die Lehre von den Dhyānibodhisattvas, wie man vermutet hat, auf persischen oder gnostischen Lehren beruht, oder umgekehrt diese auf jener, läßt sich zurzeit noch nicht sagen. Sehr spät erst ist die Lehre aufgekommen, daß auch die fünf Dhyānibuddhas Emanationen eines Ādibuddha, „Urbuddha", seien, wodurch eine Art Monotheismus innerhalb des Buddhismus geschaffen wurde.

VII. Die Gemeinde und der Kultus.

Sobald Buddha einen größeren Kreis von Jüngern um sich gesammelt hatte, war die notwendige Folge, daß er dieser Gemeinde Gesetze gab. Wir sahen (S. 35, 40), daß Buddha schon selbst mit Unzufriedenen und Aufrührern zu kämpfen hatte. Er wird also selbst frühzeitig die Notwendigkeit empfunden haben, durch bestimmte Vorschriften das Leben innerhalb der Gemeinde zu regeln. Die Vorschriften, die uns erhalten sind, stammen aus sehr verschiedener Zeit. Als ältester Kern sondert sich eine kurze Sammlung aus, die den Namen Prātimokṣa (Pali Pātimŏkkha) führt und ihrem Inhalte nach in der Hauptsache wohl direkt auf Buddha selbst zurückgeht. Das Prātimokṣa ist, wenn nicht das älteste aller buddhistischen Werke überhaupt, jedenfalls eines der ältesten. Es zerfällt in zwei Teile mit zusammen zehn kurzen Abschnitten, ein Prātimokṣa für die Mönche und eins für die Nonnen. Jeder Abschnitt beginnt mit den schwersten Vergehen und gibt an, welcher Art der Verschuldung sich der Mönch oder die Nonne dadurch schuldig machte, und welche Strafe darauf steht. In jüngeren Texten werden diese Vorschriften ergänzt und erläutert, und zwar werden neue Bestimmungen durchweg in der Weise getroffen, daß der Erlaß eines Gebotes oder Verbotes an ein bestimmtes Ereignis angeknüpft wird. Die Hauptsünder sind sechs Mönche und sechs Nonnen, „die Sechszahl," die offenbar erfunden sind, um die Entstehung der Gebote und Verbote historisch zu begründen.

Buddha hat, wie erwähnt worden ist (S. 30), von Anfang an ganz besonderes Gewicht darauf gelegt, seine Lehre durch Sendboten zu verbreiten. So waren seine Mönche über ganz Indien und über die Grenzen von Indien hinaus zerstreut. Viele hatten, weit von Buddhas Aufenthalt entfernt, eigene kleine Gemeinden gegründet, auf die sich Buddhas Einfluß unmöglich erstrecken konnte. So gab es schon zu Buddhas Lebzeiten in Wahrheit nicht eine Gemeinde, sondern sehr viele Gemeinden. So lange Buddha lebte, war seine Persönlichkeit der Stützpunkt der Einigkeit, obwohl ja schon damals Unruhen vorkamen. Mit seinem Tode mußten sich die Schwierigkeiten steigern. Man sollte nun glauben, daß Buddha in Voraussicht dessen rechtzeitig für einen Nachfolger gesorgt habe. Das ist aber nicht der Fall. Im Gegenteil, er hat eine solche Bestimmung direkt zurückgewiesen. Als Buddha nach der schweren Erkrankung im Dorfe Beluva (S. 44) sich noch einmal erholt hatte, kam Ānanda zu ihm und sagte, während der Krankheit sei ihm der Gedanke ein Trost gewesen, daß Buddha nicht sterben werde, ehe er nicht über die Gemeinde eine Verfügung getroffen habe. Da erwiderte Buddha: „Was verlangt die Mönchsgemeinde noch von mir, o Ānanda? Ich habe, o Ānanda, das Gesetz verkündigt, indem ich nichts ausließ und überging; in bezug auf die Gesetze hat, o Ānanda, der Vollendete nicht vergessen, daß er ihr Lehrer ist. Wem nun, o Ānanda, der Gedanke kommt: ‚ich will die Mönchsgemeinde leiten‘, oder: ‚mir soll die Mönchsgemeinde gehorchen‘, der mag, o Ānanda, über die Mönchsgemeinde Verfügungen treffen. Der Vollendete aber, o Ānanda, meint nicht: ‚ich will die Mönchsgemeinde leiten‘, oder: ‚mir soll die Mönchsgemeinde gehorchen‘; weshalb also, o Ānanda, soll der Vollendete über die Mönchsgemeinde Verfügungen treffen? Ich, o Ānanda, bin jetzt greis, alt, betagt, im Lebensalter vorgeschritten, ins Greisenalter gelangt; 80 Jahre alt bin ich . . . . . Lebet, o Ānanda, indem ihr eure eigene Leuchte, eure eigene Zuflucht seid, keine andere Leuchte habt, als die Leuchte des Gesetzes, keine andere Zuflucht, als die Zuflucht des Gesetzes." Denselben Sinn haben die Worte, die er kurz vor seinem Tode zu Ānanda sprach (S. 44). Buddha traf damals nur die Bestimmung, daß fortan die Mönche sich nicht mehr mit „Bruder" anreden sollten, sondern daß der ältere den jüngeren mit Familien- oder Geschlechtsnamen oder mit „Bruder" anreden solle, der jüngere den älteren mit „Herr" oder „Ehrwürden".

So lange noch die direkten Jünger Buddhas lebten, mochte allenfalls die Einigkeit leidlich bestehen. Später aber war ohne ein sichtbares Oberhaupt eine dauernde Eintracht undenkbar. Die jüngeren Texte erzählen auch wirklich von beständigem Streit

VII. Die Gemeinde und der Kultus.

und Zank unter den Mönchen und von Spaltungen in der Gemeinde, die zu Schulenbildungen führten. Bis zum Anfange des dritten Jahrhunderts nach Buddhas Tode sonderten sich nach der Tradition nicht weniger als achtzehn Schulen mit eigenen Klöstern ab. Bei dem Wanderleben der Mönche änderte sich naturgemäß die Zusammensetzung der einzelnen Mönchsgemeinden häufig, und es blieb nicht aus, daß von fern herkommende Mönche Ansichten mitbrachten, die der betreffenden Gemeinde fremd waren und zu ihrem bisherigen Leben nicht paßten. Fand sich dann nicht eine Persönlichkeit, die unter den Mönchen sich Ansehen zu verschaffen wußte, so war eine Spaltung in Parteien fast unausbleiblich. Ein wirklicher Rangunterschied zwischen den Mönchen war nicht vorhanden. Man sonderte zwar unter ihnen eine Anzahl aus, die man als Sthavira, Pali Thera, „die Alten," bezeichnete, unter den Nonnen als Sthavirī, Pali Therī. Diese entsprachen aber nur dem Namen nach den christlichen Presbytern. Die Sthaviras waren nicht, wie die Presbyter, Beamte, sondern Sthavira war ein Ehrentitel, den man Mönchen gab, die schon lange ordiniert waren. Lediglich ihr Alter und ihre größere Erfahrung in Gemeindeangelegenheiten wies ihnen eine Art Vorrang zu; gesetzlich war derselbe nicht bestimmt. In Wahrheit war die ganze Gemeinde, der Saṃgha, die oberste Autorität. Das zeigt sehr deutlich die Geschichte der sogenannten vier buddhistischen Konzile (Saṃgīti), aus der auch hervorgeht, wie schwer man die Spaltungen empfand, und wie man ihnen abzuhelfen suchte.

Die unehrerbietigen Worte, die Subhadra nach dem Tode Buddhas gesprochen hatte, und die für die Gemeinde das Schlimmste befürchten ließen (S. 42), bestimmten Mahākāśyapa, nach der Verbrennungsfeierlichkeit Buddhas in Kuśinagara den dort versammelten Mönchen vorzuschlagen, eine Kommission zur Feststellung des Gesetzes (dharma, Pali dhamma) und der Disziplin (vinaya) einzusetzen. Die Mönche gingen auf den Vorschlag ein, und Kaśyapa wählte 499 Arhats (S. 94) und als fünfhundertsten den Ānanda, der bald die Arhatschaft erreichen sollte. Die Gemeinde bestätigte die Wahl und wählte als Versammlungsort Rājagṛha. Es wurde beschlossen, daß die 500 die Regenzeit in Rājagṛha verbringen, und daß während dieser Zeit kein anderer Mönch sich in der Stadt aufhalten solle. So geschah es auch. König Ajātaśatru errichtete für die 500

Arhats eine Halle am Berge Vaibhāra in der Nähe seiner Hauptstadt. Die Versammlung wurde im zweiten Monat der Regenzeit eröffnet und dauerte sieben Monate. Mit Hilfe des Upāli (S. 34) revidierte Kaśyapa die Vorschriften über die Disziplin, und mit Hilfe des Ānanda die über das Gesetz. Der Tradition nach wurde also damals ein Text des Vinayapiṭaka und Suttapiṭaka zu Rājagṛha festgestellt, eine Angabe, an der zu zweifeln kein Grund vorliegt. Dieses Dhammavinaya, „Gesetz und Disziplin", wie man es mit den Pali-Texten nennen kann, war gewiß, wie erwähnt (S. 5), in Māgadhī abgefaßt und bildete die Grundlage, auf der später alle andern Kanons aufgebaut wurden. Dem Inhalte nach wird es sich mit den beiden ersten Piṭakas des südlichen Kanons in allen wichtigen Teilen gedeckt haben, schwerlich aber im Umfang. Die spätere Tradition berichtet, daß nach Schluß der Versammlung Kaśyapa noch selbst die Tribüne bestieg und auch das dritte Piṭaka, das Abhidhammapiṭaka, verkündete. Daß diese Überlieferung ganz ungeschichtlich ist und durch die im Abhidhammapiṭaka enthaltenen Werke selbst widerlegt wird, ist bereits erwähnt worden (S. 6 f.). Die alten Texte wissen davon nichts; sie erzählen im Gegenteil, daß der von den Ältesten festgestellte Kanon zunächst nicht allgemeine Annahme fand. Nach Schluß des Konzils, so wird berichtet, kam der Sthavira Purāṇa aus Dakṣiṇāgiri nach Rājagṛha. Die Ältesten sagten zu ihm: „Von den Ältesten, Bruder Purāṇa, ist das Gesetz und die Disziplin festgesetzt worden; nimm diesen Kanon an." Darauf erwiderte Purāṇa: „Das Gesetz und die Disziplin, ihr Brüder, ist von den Ältesten gut festgesetzt worden. Aber ich will doch lieber an dem festhalten, was ich von dem Herrn selbst gehört und gelernt habe." Die Ältesten entgegneten darauf nichts. Sie hatten also kein Mittel, um Purāṇa, dem die Tradition die übliche große Zahl von 500 Mönchen zuschreibt, zur Annahme ihres Kanons zu zwingen.

Das zweite Konzil fand der südlichen Überlieferung nach 100 Jahre später statt als das erste. Damals herrschte in Magadha König Aśoka, zum Unterschiede von Aśoka Priyadarśin, der auch Dharmāśoka genannt wird, Kālāśoka, „der schwarze Aśoka", genannt. Die Veranlassung zu diesem Konzile geben die südlichen und nördlichen Quellen ganz gleich an. Es wird berichtet, daß die Mönche zu Vaiśālī sich zehn Übertretungen der Gesetze Buddhas zuschulden kommen ließen. Einige davon erscheinen überaus geringfügig. Buddha hatte verordnet, ein Mönch solle sich keine Vorräte aufspeichern. Dagegen verstießen nach Ansicht der Orthodoxen die Mönche von Vaiśālī, indem sie sich Salz in einem Horne aufhoben. Gegen Buddhas Vorschriften war ferner, daß sie nicht bloß zur Mittagszeit aßen, sondern auch am Abend, wenn der Schatten schon zwei Finger breit war. Bedenklicher war, daß sie Palmwein tranken und Gold und Silber annahmen. An den Upavasatha-Tagen (S. 89) stellten sie im Kloster eine Messingschale auf, die mit Wasser angefüllt war, und forderten die Gläubigen auf, in die Schale Geld zu werfen. Spätere Texte erzählen sogar, daß der Prior des Klosters einen Betteltopf aus reinem Golde hatte und zur Zeit des Vollmondes einen Mönch in die Stadt schickte, um darin Geld und Edelsteine zu sammeln. Gegen diesen Unfug trat der ehrwürdige Yaśas auf, als er einst das Kloster besuchte. Entrüstet wies er den Anteil an Gold zurück, den ihm die Mönche anboten. Diese bezeichneten das als eine Beleidigung der frommen Laien und legten dem Yaśas als Buße auf, die Laien um Verzeihung zu bitten. Doch Yaśas überzeugte die Laien, daß die Mönche gegen die Vorschriften Buddhas verstießen, und er allein ein wahrer Śākya-Sohn sei. Der Exkommunikation durch die Mönche entzog er sich durch die Flucht, und es gelang ihm außer andern namentlich auch den sehr angesehenen Ältesten Raivata für sich zu gewinnen. Vergeblich versuchten die Mönche den Raivata zu bestechen. Er setzte es durch, daß eine Versammlung nach Vaiśālī berufen wurde, von der acht Älteste gewählt wurden, um den Streit beizulegen. Sie entschieden sich gegen die Mönche von Vaiśālī, und ihrem Beschlusse trat eine danach berufene Versammlung von 700 Mönchen bei. Nach jüngeren Quellen hätten die acht Ältesten, nachdem sie die zehn falschen Lehren beseitigt und die sündigen Mönche vertrieben hatten, 700 Arhats ausgewählt, um das Gesetz zu reinigen. Die besten Gelehrten hätten in acht Monaten eine Revision des Gesetzes vorgenommen. Das ist zweifellos eine späte Erfindung. Die alte Überlieferung, die uns im Cullavagga des Vinayapiṭaka vorliegt, hätte ein so wichtiges, einschneidendes Ereignis gewiß nicht mit Schweigen übergangen. Das zweite Konzil war also nur ein örtlich begrenztes. Es beseitigte Übelstände, die sich an einer Stelle gezeigt hatten, gab aber keine neuen Vorschriften für die gesamte Gemeinde der Mönche oder gar die gesamte Kirche. Ja, dieselbe jüngere Überlieferung berichtet sogar, daß die Gegenpartei ihrerseits auch ein Konzil berief, das viel mehr Teilnehmer hatte als das der orthodoxen Partei und daher „das große Konzil" genannt wird. Dieses „große Konzil" soll den Kanon ganz umgestürzt und neu geordnet, vieles getilgt, anderes hinzugefügt und dem Alten neue Bedeutung untergelegt haben.

Das dritte Konzil fand statt zu Pāṭaliputra 245 vor Chr., im 18. Regierungsjahre des Königs Aśoka Priyadarśin. Aśoka hatte den Buddhismus zur Staatskirche erhoben, ohne, wie wir gesehen haben, anderen Religionen und Sekten feindlich gegenüber zu treten. Er hatte im 13. Jahre seiner Regierung eine eigene Behörde, die Dharmamahāmātra, „Kultusbeamte," geschaffen, die die Ordnung und Zucht im Reiche aufrecht erhalten sollten, soweit die Religion dabei in Betracht kam. Über sie spricht er ausführlich im fünften seiner Edikte. Seine große Freigebigkeit gegen den Klerus veranlaßte sehr viele in den geistlichen Stand zu treten. So sollen damals viele schlechte Elemente, auch Ketzer aller Art in die buddhistischen Klöster eingedrungen sein, was um so leichter war, als es ja damals schon zahlreiche Sekten gab, so daß mancher sich für einen Buddhisten ausgeben konnte, der es gar nicht war. In den Klöstern war allmählich eine so große Unordnung entstanden, daß sieben Jahre lang die wichtigsten Vorschriften der Disziplin nicht beachtet, ja nicht einmal die Upavasatha-Beichten von den Mönchen abgehalten wurden. Vergeblich versuchte der Abt des Hauptklosters Tiṣya Maudgaliputra (Pali Tissa Möggaliputta), der angesehenste Priester des Landes, die Dinge zu ändern. Als er sah, daß alle seine Bemühungen fruchtlos waren, zog er sich in die Einsamkeit jenseits des Ganges zurück. Das kam Aśoka zu Ohren, und er beschloß einzuschreiten. Er schickte einen seiner Minister nach dem Hauptkloster, dem von ihm erbauten und nach ihm benannten Aśokārāma, mit dem Befehle, die Mönche sollten den Upavasatha abhalten. Die Mönche aber weigerten sich, dies zusammen mit den Ketzern zu tun. Über die Weigerung erzürnt, zog der Minister sein Schwert und schlug den Ältesten der Reihe nach den Kopf ab. Er hörte erst auf, als sich Tiṣya, der Stiefbruder des Königs, der Mönch geworden war, an die Stelle des zuletzt Enthaupteten setzte. Ihn wagte der Minister nicht anzurühren. Er kehrte zu Aśoka zurück und erstattete ihm Bericht. Aśoka war natürlich untröstlich. Er eilte sofort ins Kloster und, um von den Folgen der Untat befreit zu werden, wandte er sich auf Rat der Mönche an Maudgaliputra, der aber erst nach langen Bitten sich bereit fand, zurückzukehren. Am siebenten Tage begaben sich Aśoka und Maudgaliputra in den Aśokārāma, wohin eine allgemeine Zusammenkunft der Geistlichen ausgeschrieben war. Jeder einzelne wurde vorgerufen und von Maudgaliputra befragt, was die Lehre des Buddha sei. 60000 wußten diese Frage nicht richtig zu beantworten und wurden deshalb als Ketzer ausgestoßen. Dann feierte man zum ersten Male seit sieben Jahren wieder den Upavasatha. Maudgaliputra wählte darauf 1000 durch Kenntnis der heiligen Schriften und durch Tugend ausgezeichnete Brüder aus, und diese hielten unter seinem Vorsitz das dritte Konzil zu Paṭaliputra ab. Maudgaliputra verfaßte ein eigenes Werk, das Kathāvatthu, in dem die Lehre so festgestellt wurde, wie Maudgaliputra und seine Anhänger sie für richtig hielten. Wie erwähnt (S. 6 f.), steht das Kathāvatthu im Abhidhammapiṭaka des südlichen Kanons.

Das dritte Konzil war also auch nur eine Diözesenversammlung, und zwar hat hier eine bestimmte kirchliche Richtung, die des Maudgaliputra, den Sieg davongetragen, der die Singhalesen bis auf den heutigen Tag folgen.

Für die Geschichte des Buddhismus ist das dritte Konzil außerordentlich wichtig. Nach der Überlieferung, der wir hierin nicht zu mißtrauen brauchen, datiert von diesem Konzil an die Missionstätigkeit des Buddhismus nach außerindischen Ländern. Maudgaliputra, den die nördlichen Buddhisten nur unter dem Namen Upagupta kennen, bestimmte eine Anzahl Sthaviras zu Missionaren. So wurden damals Glaubensboten gesandt nach Kaschmir, Kabulistan, dem griechisch-baktrischen Reiche, den Ländern am Fuße des Himalaya, dem westlichen Dekhan und Hinterindien. Nach Ceylon ging als Missionar Aśokas eigener Sohn Mahendra (Pali Mahinda). Damit wurde der Buddhismus Weltreligion. Er trat seine weltgeschichtliche Aufgabe an, die rohen, unzivilisierten Völker Asiens an indische Gesittung und Bildung zu gewöhnen. Wenn man die Wohltäter der Menschheit nennt, sollte auch der Name des Tiṣya Maudgaliputra nicht vergessen werden. Die Trümmerstätten Zentralafiens, die jetzt aufgedeckt werden, verkünden seinen Ruhm und die Schande des Zeloten Muhammad. Am folgenreichsten wurde die Mission nach Ceylon. Während der Buddhismus in seinem Heimatlande durch die Gegenreformation der Guptas, die Uneinigkeit seiner Bekenner und seinen unindischen Kosmopolitismus allmählich zugrunde ging und im Norden entartete, erhielt er sich in Ceylon in der Abgeschlossenheit rein. Das Konzil von Pātaliputra bezeichnet also einen Wendepunkt in der Geschichte des Buddhismus.

Die Scheidung, die das dritte Konzil anbahnte, verschärfte das vierte. Es fand statt unter dem indoskythischen Könige Kaniṣka, der im ersten Jahrhundert vor Chr. ein weites Reich, darunter auch einen großen Teil von Indien beherrschte. Wie Aśoka bei den südlichen Buddhisten, so ist Kaniṣka bei den nördlichen der gefeierte Glaubensheld. In der ersten Zeit seiner Regierung war er dem Buddhismus feindselig gesinnt. Später wurde er ein eifriger Buddhist und machte Kaschmir zu einem Hauptsitze des Buddhismus. Die Chinesen berichten, daß er in den wenigen freien Stunden, die ihm die Regierungsgeschäfte ließen, eifrig die heiligen buddhistischen Schriften studierte und sich dieselben von dem Ältesten Pārśvika nach dem Systeme von dessen Schule auslegen ließ. Kaniṣka errichtete zahlreiche buddhistische Bauwerke und prägte auf seinen Münzen das Bild des Buddha mit Umschrift. Er war ein Freund indischer Bildung. Als Leibarzt hatte er Caraka, einen der berühmtesten indischen Ärzte, dessen Werk auf uns gekommen ist, und an seinem Hofe lebte Aśvaghoṣa, der Dichter des Buddhacarita, „Leben Buddhas", des ältesten uns erhaltenen Kunstepos der Inder (S. 18). Kaniṣka war es, der das vierte Konzil berief, um die Lehre Buddhas in ihrer Reinheit wiederherzustellen. Das Konzil fand statt in einem Kloster bei Jālandhara in Kaschmir unter dem Vorsitz der Patriarchen Pārśvika und Vasumitra. Auch auf diesem Konzile sollen die heiligen Schriften einer Revision unterzogen worden sein, bis zu welchem Umfange, läßt sich nicht sagen. Ebenso ist es nicht sicher, in welcher Sprache dieser Kanon abgefaßt war. Jedenfalls war die Sprache nicht Pali, ob Sanskrit oder Gāthā-Dialekt oder irgend eine andere Sprache, ist noch nicht auszumachen. Die versammelten Priester sollen auch Kommentare zu den drei Teilen des Tripiṭaka verfaßt haben, die Kaniṣka sorgfältig auf Kupferplatten eingraben und in einen steinernen Behälter legen ließ, über dem er einen Stūpa erbaute.

Eine Zentralgewalt schuf auch dieses Konzil nicht. Die Spaltung in Sekten ging weiter. Um 194 nach Chr. gründete Nāgārjuna eine Schule, die im Norden bald großen Anklang fand und die dortigen Buddhisten in zwei Lager teilte. Die neue Lehre nannte sich Mahāyāna, „das große Fahrzeug"; die ihr nicht Folgenden dagegen bezeichneten sich als Anhänger des Hīnayāna, des „kleinen Fahrzeugs". Der Name kommt daher, daß die Anhänger des Mahāyāna danach strebten, als Bodhisattva wiedergeboren zu werden, also „die große Karriere" machen wollten, während die des Hīnayāna nur ihre eigene Erlösung suchten, sich also mit „der niederen Karriere" begnügten. Das Hīnayāna stellt den älteren, verhältnismäßig echten Buddhismus dar, das Mahāyāna den späteren, entarteten. Dem Mahāyāna gehören die Dhyānibuddhas und Dhyānibodhisattvas an, also auch Avalokiteśvara. Es hat zuerst dem Buddhismus Götter gegeben und den Kultus auf Äußerlichkeiten geleitet. Sein heiliges Buch ist das Prajñāpāramitāsūtra, „das Lehrbuch von der Vollkommenheit der Erkenntnis". Es wird auf Nāgārjuna selbst zurückgeführt, auf den ja auch die Grundlage zurückgehen mag. Später aber hat es viele Zusätze erfahren und liegt in fünf verschiedenen Bearbeitungen vor, die sich nach Umfang und Inhalt sehr voneinander unterscheiden. Die kürzeste Fassung ist die am höchsten geschätzte. In Nepal wird sie zu den neun kanonischen Büchern gerechnet. Sie umfaßt 32 Kapitel in Sanskritprosa, meist in Form eines Dialogs zwischen Buddha, Śāriputra und Subhūti. Der Inhalt ist sehr bunt, mehr spekulativ als religiös. Hier findet sich im 18. Kapitel der kürzesten Rezension die Lehre entwickelt, die man früher für den ältesten Buddhismus hielt, daß das wahre Wesen aller Dinge die Leere, das Nichts ist. Es existiert nichts; eine Gewißheit gibt es nicht; alles ist unsicher; an allem muß man zweifeln. So ist die Lehre des Mahāyāna der denkbar schärfste Skeptizismus, zu dem die Lehre von den Dhyānibuddhas und Dhyānibodhisattvas in merkwürdigem Gegensatz steht.

Die letzte Phase, die der Buddhismus durchmachte, war die des Mystizismus und der Magie, des Yogācāra. Der Stifter dieser Schule ist Āryāsaṅga oder Āryasaṅgha, der aus Peschawar in Kabulistan stammte und im 6. Jahrhundert nach Chr. lebte. Er hat es verstanden, die philosophischen und religiösen Lehren des Mahāyāna in Einklang zu setzen mit der brahmanischen Yoga-Lehre, wie sie sich im Kultus des Gottes Śiva entwickelt hatte. Hier hatte sich eine förmliche Theorie der Zauberei ausgebildet, die in eigenen Schriften, den Tantra, vorgetragen wird. Es wird darin gelehrt, wie man übernatürliche Kräfte erlangen und sie durch kurze, mystische Formeln, die Dhāraṇīs, oder durch magische Kreise, Maṇḍala, durch Amulette, Mudrā, mystische Abwaschungen, bestimmte Gebräuche, bei denen Frauen eine große Rolle spielten und die teilweise höchst unzüchtig waren, ausüben könne, um sich in den Besitz aller gewünschten Dinge zu bringen. Eine besonders große Rolle spielten die Dhāraṇīs, mit denen man glaubte, Gewalt über die Götter, über Regen und Wind gewinnen zu können. Mit ihnen wollte man Krankheiten heilen, sich gegen den Biß der Schlangen, gegen Gift, böse Gestirne, Armut schützen, je nach Wunsch die Geburt eines Knaben oder Mädchens bewirken u. dgl. Diese Tantra-Lehre hat der Buddhismus in seiner letzten Phase übernommen, und erst auf dieser Stufe hat er sich ein Oberhaupt geschaffen, wie es die römisch-katholische Kirche im Papst besitzt, freilich nur in Tibet, und erst um 1260 n. Chr.

In China ist der Buddhismus nie zu einer so machtvollen Stellung gelangt und nie so einheitlich geschlossen aufgetreten, daß die Priester das Bedürfnis einer Zentralleitung empfunden hätten. Es war in China wesentlich wie in Indien. Über das große Reich waren Mönche in eigenen, abgeschlossenen Klöstern zerstreut. Nach China kam der Buddhismus im Jahre 61 n. Chr., im 4. Jahrhundert wurde er Staatsreligion, hatte aber in den folgenden Jahrhunderten heftige Gegner und Verfolger, namentlich unter den Anhängern des Confucius. Als 1206 die mongolische Dynastie zur Herrschaft kam, wurde er von neuem begünstigt, und seit dieser Zeit gibt es in China zwei buddhistische Schulen, oder richtiger Kirchen: die der Foïsten und die der Lamas. Fo ist chinesische Entstellung von Buddho (Nominativ zu Buddha); Lama, richtiger geschrieben bLama, ist tibetanisch und bedeutet „Oberer". Von Tibet aus haben die Mongolen und durch sie die Chinesen diese Form des Buddhismus erhalten. Die beiden Arten unterscheiden sich voneinander viel weniger durch die Lehre und Disziplin, als durch den Kultus und die äußere Organisation und die Stellung im

Staate und zur Regierung. Die Foisten haben keine höhere
Geistlichkeit; jedes Kloster steht für sich, und nur der Abt nimmt
eine Stellung im Staate ein, insofern er den Beamten der
12. Klasse gleichgestellt wird. Die Lamas dagegen bilden eine
streng geschlossene Korporation, die größtenteils vom Staate erhalten wird und geistliche und weltliche Oberherrschaft in bestimmten Gebieten ausübt. Im eigentlichen China ist die Zahl
der Lama=Klöster nicht groß. Dagegen herrscht diese Religions-
form, der Lamaismus, in allen Provinzen, die an Tibet und
die Mongolei grenzen oder ihnen nahe liegen. Es finden sich
dort hochberühmte Klöster, die als Wallfahrtsorte viel besucht
werden.

Analog der Hierarchie hat sich auch der Kultus im Laufe
der Zeit geändert. Der Eintritt in die Mönchsgemeinde stand
ursprünglich jedem frei. Es stellten sich aber bald Übelstände
heraus, die eine Einschränkung notwendig machten. Die Texte,
die das Gemeinderecht überliefern, der Mahāvagga und der
Cullavagga des Vinayapitaka, knüpfen die Gebote und Verbote
oft an einen ganz bestimmten Fall an. Wie bei der „Sechszahl" (S. 100), werden auch sonst hier Personen und Situationen
erfunden sein. So wird erzählt, daß in Rājagṛha die Eltern
eines gewissen Upāli, der an der Spitze einer Schar von sieb-
zehn Altersgenossen stand, sich überlegten, wie sie ihrem Sohne
das Leben recht leicht und behaglich machen könnten. Sie sagten
sich, daß, wenn er Schreiber würde, ihn die Finger schmerzen
würden, wenn Rechner, die Brust, wenn Kopist, die Augen,
und kamen überein, er solle buddhistischer Mönch werden, weil
ein solcher bequem lebe, gut esse und geschützt schlafe. Upāli
hörte das Gespräch seiner Eltern, lief zu seinen Gefährten und
überredete sie, mit Erlaubnis ihrer Eltern, die gern erteilt wurde,
Mönch zu werden. Sie wurden auch alle ohne weiteres ordiniert.
Am andern Morgen verlangten sie ganz früh nach Essen. Die
andern Mönche vertrösteten sie auf später, falls etwas da sein
sollte; sonst müßten sie sich erst das Essen erbetteln. Das paßte
aber den jungen Leuten nicht. Sie machten Lärm und betrugen
sich unanständig. Als Buddha den Lärm hörte und die Ursache
erfuhr, war er unwillig, daß man so junge Leute ordiniert habe,
die den Strapazen des Mönchslebens nicht gewachsen seien und
bestimmte, daß niemand vor zwanzig Jahren Mönch werden
dürfe. So war es jedenfalls später. Mit fünfzehn Jahren

konnte man Novize, mit zwanzig Jahren Mönch werden. Ausgeschlossen aus dem Orden waren ferner mit ansteckenden Krankheiten Behaftete, mit auffallenden körperlichen Gebrechen Versehene, wie Lahme, Bucklige, Blinde, Taubstumme u. dgl., ferner schwere Verbrecher, Verschuldete, Leibeigene, Soldaten, überhaupt alle, die nicht frei über sich verfügen konnten, also auch Kinder, die nicht Erlaubnis von ihren Eltern hatten. Daß man aber Ausnahmen machte, zeigt das Beispiel des Aṅgulimāla (S. 43. 48). Man unterschied zwei Grade der Weihe. Der erste war die Pravrajyā (Pali Pabbajjā), „das Hinausgehen", „das Ausziehen", der zweite die Upasampadā, „das Hingelangen". Die Pravrajyā war der Austritt aus dem bürgerlichen Leben oder einer andersgläubigen Sekte. Man sagte von einem, der in den Orden tritt, ganz stehend: „Er geht aus der Heimat in die Heimatlosigkeit" und nannte ihn Pravrajita, Pali Pabbajita, „Einer, der hinausgegangen ist". Zu einem Pravrajita wurde jeder, der das gelbe Gewand anlegte, sich Haar und Bart scheren ließ und vor einem ordinierten Mönch dreimal in ehrfurchtsvoller Haltung die „Drei Zuflüchten" (S. 77) aussprach. Einige Texte lassen der Aufnahme eine Probezeit von vier Monaten vorausgehen, falls der Aufzunehmende Mitglied einer andersgläubigen Sekte war. Andere legen die Probezeit nur vor die Upasampadā. Buddha machte davon eine Ausnahme. Wenn sich ein Sākya, also ein Mitglied seiner Familie, der vorher andersgläubig gewesen war, zum Eintritt meldete, so sollte er ohne Probezeit ordiniert werden. „Dieses Privileg bewillige ich meinen Verwandten", läßt ihn der Text sagen. Der Novize wählte sich zwei Lehrer, die er zu bedienen und ehrfurchtsvoll zu behandeln hatte, wofür sie ihn in die Lehre Buddhas einführten.

Umständlicher war die Upasampadā. Sie erfolgte vor der versammelten Gemeinde, von der wenigstens zehn vollberechtigte Mitglieder anwesend sein mußten. Zunächst mußte der Lehrer des Aufzunehmenden unter der Versicherung, daß der Aufnahme nichts im Wege stehe, einen formellen Antrag stellen. Der Kandidat trat dann ein, in demütiger Haltung, mit dem Obergewand über der linken Schulter, verbeugte sich tief vor der Versammlung, setzte sich auf die Erde und bat dreimal, indem er die gefalteten Hände erhob, um Aufnahme. Der Vorsitzende richtete darauf nach ernstlicher Vermahnung, die Wahrheit zu sagen, dreimal an ihn die Fragen: „Hast du Beulen, Aussatz, Schwindsucht, Epilepsie? Bist du ein Mensch? Ein Mann? Unabhängig? Hast du keine Schulden? Stehst du im Dienste des Königs? Haben dir die Eltern die Erlaubnis gegeben? Bist du volle zwanzig Jahre alt? Hast du alles, Betteltopf und Kleider? Wie heißt du? Wie heißt dein Lehrer?" Fallen die Antworten befriedigend aus, so spricht der Vorsitzende dreimal: „Die hohe Gemeinde höre auf mich! Dieser N. N., der Schüler des ehrwürdigen N. N., wünscht die Upasampadā. Nichts hindert ihn daran. Er hat alles, Betteltopf und Kleider. Dieser N. N. bittet die Gemeinde um die Upasampadā mit dem N. N. als Lehrer. Wenn es der Gemeinde gut scheint, so möge die Gemeinde dem N. N. die Upasampadā erteilen mit dem N. N. als Lehrer. Das ist der Antrag. Die hohe Gemeinde höre auf mich! Dieser N. N., der Schüler des ehrwürdigen N. N., wünscht die Upasampadā. Nichts hindert ihn daran. Er hat alles, Almosenschale und Kleider. Der N. N. bittet die Gemeinde um die Upasampadā mit dem N. N. als Lehrer. Die Gemeinde erteilt dem N. N. die Upasampadā mit dem N. N. als Lehrer. Wer von den Ehrwürdigen für die Upasampadā des N. N. mit dem N. N. als Lehrer ist, der schweige, wer dagegen ist, der rede!" Wenn alle schwiegen, so verkündigte der Vorsitzende: „Dem N. N. ist von der Gemeinde die Upasampadā erteilt worden mit dem N. N. als Lehrer. Die Gemeinde ist dafür; deswegen schweigt sie; so nehme ich an." Dann wird der Schatten gemessen, d. h. die Stunde des Tages bestimmt, Jahreszeit, Tag und Zusammensetzung der Gemeinde verkündigt und darauf dem Kandidaten die „Vier Hilfsquellen" mitgeteilt, d. h. die Art und Weise, wie er sich verschaffen darf, was er im Leben notwendig braucht. Sie sind: Bissen von Speisen, die er sich erbettelt, Kleider von Lumpen, die er auf Kehrichthaufen findet, Lagerstätte an den Wurzeln der Bäume, stinkender Urin als Heilmittel Es ist aber dem Mönche nicht verwehrt, freiwillige Gaben der Laien anzunehmen, die ihm ein besseres Leben gestatten, wie Einladungen zu Mahlzeiten, leinene, baumwollene, seidene, wollene, hänfene Kleider, zerlassene Butter, frische Butter, Öl, Honig, Sirup bei Krankheiten; auch durfte er in Klöstern, Wohnhäusern und Höhlen wohnen. Die „Vier Hilfsquellen" sind also nur Vorschriften für die Not und bezeichnen die strengste Form mönchischen Lebens. Nach den „Vier

Hilfsquellen" werden ihm die „Vier zu unterlassenden Dinge" mitgeteilt: Geschlechtlicher Verkehr, auch mit einem Tiere, nichts wegzunehmen, selbst nicht einen Grashalm, kein lebendes Wesen zu töten, selbst nicht einen Wurm oder eine Ameise, sich nicht der höchsten menschlichen Vollkommenheit zu rühmen, selbst nicht, daß er sagt: „ich liebe in leeren Häusern zu wohnen." Damit schloß die Upasampadā. Dickson, der 1872 Gelegenheit hatte, einer solchen Ordination beizuwohnen, versichert, daß der ganze Akt einen überaus feierlichen Eindruck mache. Die nördliche Kirche hat außer diesen beiden Weihen noch eine dritte, schon im siebenten oder neunten Lebensjahre. Verging sich ein Mönch gegen eines der vier Hauptverbote, oder erwies er sich sonst als für den Orden ungeeignet, so konnte er von der Gemeinde entfernt werden, auf Zeit oder für immer. Ebenso konnte er aber auch jederzeit freiwillig wieder austreten, entweder stillschweigend oder durch Erklärung vor einem Zeugen. Mit dem leichten Eintritt und Austritt wurde öfter Mißbrauch getrieben, da der Orden schon seit der Zeit des Königs Bimbisāra Indemnität genoß. Im Milindapañha (S. 71) gibt Nāgasena zu, daß einige Mönche werden, um sich dem Militärdienst zu entziehen, andere, um der Strafe für einen Diebstahl zu entgehen, andere wegen Schulden, andere, weil sie mittellos sind und bequemer leben wollen. Das geschieht noch heute in südlichen Ländern und kam schon in ältester Zeit vor, wie das Beispiel des Upāli (S. 110) zeigt. Macht heute ein Mönch eine unerwartete Erbschaft oder verliebt er sich, so scheidet er im Süden nach Belieben aus; niemand hält ihn. Im Norden ist der Austritt nach der dritten Weihe nicht mehr gestattet.

Mit dem Eintritt in den Orden wird die Ehe gelöst. Die Frau ist für den Mönch nur noch die frühere Frau. Ebenso gibt der Mönch jedes Privateigentum auf und erwirbt fortan nichts mehr für sich allein. Besonders streng verboten war die Annahme von Geld. Ein Mönch, der doch einmal Geld annahm und dies bereute, mußte das Geld in einer Versammlung des Ordens abliefern. Es wurde einem Klosterdiener oder Laien übergeben, damit er Butter oder Öl oder Honig für die Gemeinde kaufe. Von den gekauften Gegenständen erhielt der Sünder nichts. Weigerte sich der Laie, das Geld zu nehmen, so wurde er gebeten, es wegzuwerfen, und wenn er auch dies nicht tun wollte, so wurde ein zuverlässiger Mönch als „Geldverwerfer" bestimmt, der das Geld vergrub, ohne ein sichtbares Zeichen an der Stelle zu lassen. Daß auch dieses Verbot von den Mönchen übertreten wurde, zeigt das Konzil von Vaiśālī (S. 103 ff.). Seit den Zeiten von Aśoka Priyadarśin nahm die Geistlichkeit sehr gern Gold an. Die jüngere Tradition erzählt, wie gewöhnlich mit großer Übertreibung, daß Aśoka dreimal sein Reich, seine Frauen und Kinder und sich selbst der Kirche schenkte und dann alles mit Gold und Edelsteinen aus seiner Schatzkammer zurückkaufte. Die chinesischen Pilger Fa Hian und Huan Thsang berichten, daß zu ihrer Zeit bei den großen fünfjährigen Versammlungen Gold und Silber den Mönchen in Fülle gegeben wurde. In vielen buddhistischen Klöstern wurden zur Zeit des Huan Thsang die dort aufbewahrten Reliquien den Gläubigen nur gegen Entrichtung einer bestimmten Geldsumme gezeigt. Heute nimmt jeder Geistliche unbedenklich Geld, höchstens bedeckt er seine Hand mit einem Tuche oder zieht Handschuhe an.

So reich die Klöster in Ceylon und Hinterindien auch sind, so hat sich dort die alte Sitte des Bettelganges doch noch erhalten. Der Mönch geht täglich aus, um seine Nahrung zu erbetteln. Im Norden, namentlich in Tibet und der Mongolei, geschieht dies nur ganz ausnahmsweise noch von herabgekommenen Lamen, meist fremden oder besonders habsüchtigen, die dann hoch zu Roß und von vielen Schülern begleitet im Lande umherziehen und unter allerlei frommen Vorwänden von den Laien Geld und Vieh eintreiben.

Die alte Gemeinde hatte ganz bestimmte, strenge Vorschriften über Kleidung und Nahrung. Der Mönch durfte nur einen Anzug haben, der aus drei Kleidern und einem Gürtel bestand. Die Kleider waren 1. ein Unterkleid, eine Art Weste, die als Hemd diente, also auf dem bloßen Leibe getragen wurde, 2. das eigentliche Mönchsgewand, eine Art Kittel, der bis auf die Knie reichte und mit einem Gürtel um die Hüften befestigt wurde, 3. der Überwurf, eine Art Mantel, der die Beine bedeckte und über die linke Schulter geschlagen wurde, so daß die rechte Schulter und ein Teil der Brust frei blieb. Man trug ihn auch über beide Schultern. Die alte Farbe der Gewänder war die gelbe. Sie ist es noch heute im südlichen Buddhismus. Bei den Lamas dagegen ist der Mantel stets rot, und bei der Sekte der Rotmützen sind alle Gewänder karmesinrot oder violett. In China tragen die Foïsten nicht selten graue Kleider. Die Spaltung in Sekten und das verschiedene Klima hat nicht bloß in der Farbe, sondern auch in der ganzen Art der Kleidung in den einzelnen Ländern große Unterschiede hervorgerufen. In Ladakh z. B. tragen die niederen Geistlichen der Kälte wegen Hosen. Die Lamen haben in Tibet und der Mongolei mehrere Unterkleider und bei Prozessionen und Hochämtern tragen sie weite, wallende Meßgewänder. In der südlichen Kirche gehen die Priester in der Regel barfuß und stets mit unbedecktem Kopfe. In der nördlichen dagegen tragen sie Schuhe oder Halbstiefeln, und hier spielt die Mütze eine große Rolle, da an ihr die Rangunterschiede der Geistlichen zu erkennen sind.

Von der Gemeinde wurde je ein Mönch bestimmt, der die Kleider, die die Laien als Geschenk brachten, in Empfang nahm, sie aufbewahrte und verteilte. Bei der Verteilung entschied das Los. Starb ein Mönch, so erbte Kleider und Betteltopf sein Pfleger. Hatte er sonst noch geringen Besitz, so wurde dieser unter die Gemeinde des Ortes verteilt; war der Besitz groß, so wurde er Eigentum der Gesamtkirche oder, wie der offizielle Ausdruck ist, „der Gemeinde der Anwesenden und Abwesenden in allen vier Weltgegenden".

Außer den Kleidern muß jeder Mönch einen Betteltopf besitzen. Dieses ihm ganz unentbehrliche Gerät ist ein ziemlich großer, runder, bauchiger Topf mit eiförmigem Boden und enger Öffnung nach oben, meist aus Eisen, aber auch aus Ton oder Holz und gewöhnlich schwarz oder blau lackiert. Diesen Topf trägt der Mönch stets in der Hand. Auf seinem Bettelgange tritt er schweigend ins Haus, empfängt die Gabe und entfernt sich, wie dies oben (S. 39) geschildert ist. Die Lamen tragen den Topf nicht mehr sichtbar, da sie ja in der Regel nicht mehr betteln. Sie haben im Gürtel oder Ärmel eine hölzerne Schale, aus der allein sie Nahrung zu sich nehmen. Außer dieser Schale führen sie, namentlich in der Mongolei, stets ein Fläschchen mit Wasser bei sich. Aus ihm gießen sie nach beendigter Mahlzeit einige Tropfen in die Hand und schlürfen sie ein, was als reinigend gilt.

Auf Reinlichkeit wurde im Orden streng gehalten. Jeder Mönch besaß ein Schermesser. Zweimal im Monat am Upavasatha-Tage des Neu- und Vollmondes mußte er Haar und Bart scheren. Regelmäßig mußten die Mönche auch die

Nägel schneiden und rein halten und die Zähne putzen. Später wurde die Tonsur üblich, die aber schwerlich auf Buddha selbst zurückgeht. Manche Sekten im Norden scheren sich nicht.

Der Mönch hat ferner ein Sieb bei sich. Durch dieses gießt er das Wasser, ehe er trinkt, um alle Unreinigkeit zu entfernen, vor allem aber, um kleine Tiere abzusondern und so am Leben zu erhalten. Die Ausrüstung vollendete eine Nähnadel.

Die drei Kleider mit dem Gürtel, der Betteltopf, das Schermesser, das Sieb und die Nähnadel bildeten in alter Zeit das ganze Eigentum des Mönches. Später kam dazu noch ein Bettelstab, der jetzt nur noch selten getragen wird. Im südlichen Buddhismus hat seine Stelle der Sonnenschirm eingenommen, mit dem der Mönch sein kahles Haupt schützt. Die Lamas tragen bei sich das Gebetszepter, ein unsern Mörserkeulen ähnliches Instrument, das sie beim Hersagen der Gebete und kirchlichen Verrichtungen in mannigfacher Weise bewegen, eine Klingel, eine Trommel aus Menschenschädeln, eine kleinere Trommel, einen Rosenkranz, Amulett und Büchelchen. Beim Betteln blasen sie eine Trompete aus dem Schenkelknochen eines Menschen. Einzelne tragen auch an Stelle des alten Bettelstabes den „Alarmstab", einen Stab, der in einen Dreizack oder eine blattartige Schleife ausläuft, an der Ringe hängen, die durch ihr Klingen weltliches Geräusch von den Ohren des Mönches fernhalten und kleine Tiere warnen sollen, damit sie nicht zertreten werden.

Buddha hat die Mönche nicht gezwungen in Klöstern zu leben. Das widersprach sogar seiner Absicht. Der Mönch sollte möglichst viel wandern, um die Lehre weit zu verbreiten. Der eigentliche Wohnort des Mönches war der Wald oder einsame Berghöhlen. In der Regel blieb der Mönch aber in der Nähe eines Dorfes oder einer Stadt, die er auf seinem Bettelgange leicht erreichen konnte. Zu anderer Zeit sie zu betreten, war streng verboten. Klöster in unserem Sinne hat es zu Buddhas Zeit überhaupt nicht gegeben. Gewöhnlich zimmerte sich der Mönch selbst eine Hütte aus Holz, das er im Walde sammelte, oder baute sie aus Rasenstücken auf. Oft halfen ihm dabei die Laien. Zuweilen wohnten mehrere Mönche zusammen. In größerer Anzahl führte sie die Regenzeit zusammen. Fromme Laien suchten den Mönchen ihr Obdach während dieser Zeit möglichst behaglich zu machen. Sie ließen Bauwerke aufführen, zu denen die Mönche alljährlich während der Regenzeit zurückkehrten. Diese Wohnungen, Vihāra genannt, waren oft sehr reich ausgestattet und mit allen Bequemlichkeiten, wie Vorrichtungen für warme Bäder und gedeckte Hallen zum Spazierengehen, versehen. Später blieb man auch zu anderen Zeiten als der Regenzeit in den Vihāras wohnen, wozu vielleicht die Zulassung der Frauen zum Orden mit beigetragen haben mag, da sie des Schutzes bedürftiger waren als die Männer. So entstanden allmählich wirkliche Klöster.

In der alten Zeit durfte der Mönch nur einmal essen, am Mittage, wenn er von seinem Bettelgange zurückgekehrt war. Später lebten die buddhistischen Mönche nicht weniger herrlich und in Freuden als die christlichen. In den Klöstern der Lamen wird, obwohl die Disziplin im allgemeinen streng ist, sehr häufig gegen das Gebot verstoßen, geistige Getränke zu genießen. Es ist leicht zu umgehen, weil keine gemeinschaftlichen Mahlzeiten stattfinden, sondern jeder Mönch seine eigene Wirtschaft hat.

Das vierte der „Vier zu unterlassenden Dinge" (S. 113) war das Verbot, sich nicht der höchsten menschlichen Vollkommenheit zu rühmen. Über seine Entstehung wird im Vinayapiṭaka folgende Geschichte erzählt. Einst verbrachten viele Mönche zusammen die Regenzeit am Ufer des Flusses Valgumudā im Lande der Vṛjji. Damals herrschte eine große Hungersnot, so daß die Mönche großen Mangel litten. Einige schlugen vor, bei den Laien Dienste als Handarbeiter oder Boten zu nehmen, andere aber rieten, sie sollten sich bei den Laien gegenseitig der höchsten menschlichen Vollkommenheit rühmen. Das taten sie. Sie sagten von einander: „Dieser Mönch befindet sich auf der ersten, dieser auf der zweiten, dieser auf der dritten, dieser auf der vierten Stufe der Versenkung; dieser Mönch ist ein Srotaāpanna, dieser ein Sakṛdāgāmin, dieser ein Anāgāmin, dieser ein Arhat; dieser Mönch besitzt das dreifache Wissen[1], dieser die sechs übernatürlichen Fähigkeiten[2]." Die Laien waren

---

[1] Unter dreifachem Wissen sind hier verstanden die Erinnerung an die früheren Geburten, die Kenntnis, wie die Wesen aus einer Existenz in eine andere geraten sind, und die Kenntnis vom Untergang der Lüste.
[2] Die sechs übernatürlichen Fähigkeiten sind: Die Kunst, Wunder zu wirken, das göttliche Ohr, Kenntnis der Gedanken anderer, Kenntnis der früheren Geburten, das göttliche Auge, die Kenntnis vom Untergang der Lüste.

darüber sehr erfreut und sagten: "Das haben wir gut getroffen, sehr gut getroffen, daß solche Mönche bei uns die Regenzeit zubringen. Früher haben nie solche Mönche bei uns die Regenzeit zugebracht, wie diese frommen trefflichen Männer." Sie gaben den Mönchen bessere Speise und besseren Trank als sie selbst genossen und ihren Eltern, Frauen und Kindern, Dienstboten, Freunden und Verwandten gaben. Am Ende der Regenzeit waren die Mönche daher: "rosig, wohlgenährt, von frischer Farbe des Gesichts und der Haut." Als sie nach Vaiśālī zu Buddha kamen, stachen sie von den andern Mönchen, die infolge der schlechten Zeit mager und abgehungert aussahen, sehr ab. Sie mußten ihren Kniff angeben, worauf Buddha das Verbot erließ.

Im Lamaismus wird das Hilfsmittel, sich für besonders gottbegnadigt auszugeben, zur Vermehrung der Einkünfte maßlos ausgebeutet. Die Lamen sind nicht bloß die Vermittler zwischen den Göttern und Menschen, sondern sie sind auch Wahrsager, Ärzte und vor allem Teufelaustreiber. Der Buddhismus hat ja, wie erwähnt, in seiner letzten Phase den Geisterglauben aus dem Śivaismus übernommen, und das lamaistische Pantheon weist Teufel in gewaltiger Fülle und in abschreckendster Gestalt auf. Sie sind für die Lamen eine unerschöpfliche Goldgrube. Jedes Unglück in und außer dem Hause wird einem Teufel zugeschrieben, und nur der Lama kann aus seinen Büchern feststellen, welcher Teufel gerade schuld ist, und nur er hat die Macht, ihn zu bannen. Das kostet aber viel Mühe und dementsprechend Geld. Die Lamen treiben aber auch wirkliche Gewerbe und Künste. Sie malen Heiligenbilder, haben Druckereien und Erzgießereien, sie schreiben Bücher ab, verfertigen Rosenkränze, Amulette, geweihte Pillen und Reliquien, treiben Ackerbau und Viehzucht, sind Schneider, Schuster, Färber, Weber u. dgl.

Das war im alten Buddhismus ganz unerhört. Der Mönch des alten Glaubens wollte nichts weiter sein und war auch nichts weiter als Mönch, d. h. er widmete alle seine Zeit geistlichen Übungen und dem Streben nach Heiligkeit. Man stand bei Tagesanbruch auf. Dann wurden Abschnitte aus dem Gesetz und der Disziplin rezitiert. Entweder tat dies jeder für sich, oder mehrere setzten sich nebeneinander, wobei der eine vortrug und die andern zuhörten, oder auch an ihn Fragen stellten. Gegen Mittag folgte der Bettelgang, auf die Mahlzeit eine

Ruhepause während der größten Hitze. Am Abend wurden die geistlichen Gespräche wieder aufgenommen und oft bis in die späte Nacht fortgesetzt. Oft trug ein älterer Bruder vor, oder man saß schweigend stundenlang zusammen. Das war „das edle Schweigen", wir würden sagen: „das süße Nichtstun." Unterbrochen wurde dieses Leben nur dadurch, daß zuweilen Laien nach dem Vihāra kamen, um sich geistlichen Rat und Trost zu holen. Arbeit kannte der Mönch nicht.

Den Mönchen untergeordnet waren die Nonnen. Für sie galten die „Acht großen Regeln": 1. Eine Nonne, auch wenn sie schon hundert Jahre ordiniert ist, hat einen Mönch, wenn er auch erst an diesem Tage ordiniert ist, zu grüßen, vor ihm aufzustehen, ihn ehrfurchtsvoll und wie es sich gebührt zu empfangen; 2. sie darf nicht die Regenzeit an einem Orte zubringen, wo keine Mönche sind; 3. sie muß halbmonatlich die Mönchsgemeinde um Angabe des Upavasatha-Tages bitten und sich zur Unterweisung zu ihr begeben; 4. sie muß am Ende der Regenzeit an die Versammlung der Mönche und Nonnen die drei Fragen stellen, ob jemand von ihr etwas Schlechtes gesehen oder gehört hat oder vermutet; 5. wenn sie sich gegen eine der acht großen Regeln vergangen hat, muß sie sich gegenüber der Versammlung der Mönche und Nonnen einer vierzehntägigen Buße unterwerfen; 6. sie hat um die Erteilung der Upasampadā bei der Gemeinde der Mönche und Nonnen zu ersuchen, nachdem sie zwei Jahre lang in den sechs Pflichten[1]) unterwiesen worden war; 7. sie darf unter keinen Umständen einen Mönch schmähen und beschimpfen; 8. die Nonne darf sich bei dem Mönch Rat holen, aber nicht der Mönch bei der Nonne.

Alle diese Regeln haben den Zweck, die Nonnen von den Mönchen abhängig zu machen. Bei Streitigkeiten der Nonnen untereinander entschieden Mönche. Über den Verkehr der Mönche mit den Nonnen waren ganz feste Bestimmungen getroffen. Bei der Upasampadā wurden an die Nonnen im ganzen 24 Fragen gestellt, außer den an die Mönche mit den nötigen Änderungen gerichteten (S. 112) noch eine Reihe anderer, die sich bis jetzt unserem vollen Verständnis entziehen. Außer den Gegenständen,

---

[1]) Das sind die fünf auch für den Laien geltenden Pflichten (S. 77 ff.), und die für den Mönch geltende Pflicht, nur einmal am Tage zur Mittagszeit zu essen.

VII. Die Gemeinde und der Kultus.

die die Ausrüstung eines Mönches bildeten, war den Nonnen noch eine Jacke und ein Badeanzug gestattet. Jeder Putz war verboten. Im übrigen galten für das tägliche Leben der Nonnen wesentlich dieselben Vorschriften wie für das der Mönche. Nur durften die Nonnen nicht im Walde wohnen, sondern mußten im Dorfe oder der Stadt leben, und auch dort nicht allein. Die Nonnen sind nie so zahlreich gewesen wie die Mönche, und die Zahl der buddhistischen Nonnenklöster hat nie, auch nur annähernd, die der christlichen erreicht. In den Ländern des südlichen Buddhismus scheint es heute kein einziges mehr zu geben. Heute können alte Jungfern und ältere, kinderlose Witwen ihre Dienste dem Orden anbieten. Sie geloben Keuschheit, scheren das Haupt, erhalten ein weißes Kleid und damit die Erlaubnis, für das Kloster zu betteln. Sie wohnen in der Nähe des Klosters oder in diesem selbst in eigens für sie eingerichteten Zellen und fegen das Kloster, holen für die Mönche Wasser u. dgl. Sie können jeden Augenblick ihr Verhältnis zum Kloster lösen, oder fortgeschickt werden, wenn sie sich nicht bewähren. So ist es im nördlichen Buddhismus auch in der Mongolei. In China, Tibet und den Himalaya-Ländern gibt es dagegen noch heute wirkliche Nonnenklöster.

Der Kultus war in der alten Gemeinde der denkbar einfachste. Zweimal im Monat zur Zeit des Neu- und Vollmonds kamen die Mönche eines Bezirks zusammen, um den Upavasatha-Tag (S. 89) zu halten. Der älteste unter den Mönchen sagte die Feier an, und am Abend des festgesetzten Tages versammelten sich alle Mönche des Bezirks an dem bestimmten Orte in einem dazu ausgewählten Raume. Es durfte niemand fehlen. Selbst Kranke wurden hingetragen, wenn kein geeigneter Mönch sich fand, der die Erklärung des Kranken überbrachte, daß er frei sei von den Sünden, die gesühnt werden sollten. Es kam auch vor, daß die Mönchsgemeinde sich am Bett eines Schwerkranken versammelte. In dem Versammlungsraume nahmen die Mönche bei Fackelschein auf niedrigen Sitzen Platz. Nur ordinierte Mönche durften zugegen sein, da jetzt das Prātimokṣa (S. 100) vorgetragen wurde, dessen Kenntnis nur ordinierten Mönchen gestattet war. Der Vorsitzende eröffnete die Verlesung mit folgender Ansprache: „Verehrung dem Erhabenen, Heiligen, Vollständigerleuchteten! Die Gemeinde höre auf mich! Heut ist am fünfzehnten der Upavasatha. Wenn es der Gemeinde recht ist, möge sie den Upavasatha vollziehen und das Prātimokṣa verlesen. Gebet an, Ehrwürdige, ob ihr frei von Sünde seid; ich werde das Prātimokṣa verlesen." "Wir wollen es alle hier sorgfältig hören und beherzigen."[1] "Wer eine Sünde begangen hat, der bekenne sie; wer keine Sünde begangen hat, schweige. Ein Mönch, der dreimal gefragt, eine Sünde, deren er sich bewußt ist, nicht bekennt, macht sich einer wissentlichen Lüge schuldig. Eine wissentliche Lüge aber hat der Erhabene als ein Hindernis (für die Erlösung) bezeichnet. Deswegen muß ein Mönch, der sich einer Sünde, die er begangen hat, bewußt ist und von ihr frei zu werden wünscht, sie bekennen. Denn ein Bekenntnis bringt ihm Erleichterung." Darauf werden an jeden einzelnen die Fragen gestellt, und wer sich einer Schuldbewußt war, bekannte und sühnte sie. In Ceylon hat sich die Feier bis heute treu erhalten, wie die Mitteilungen von Dickson zeigen, der auch dem Upavasatha-Fest 1874 beiwohnen konnte, wie 1872 der Upasampadā (S. 113).

Außer dem Upavasatha gab es noch eine alljährlich wiederkehrende Feier, die Pravāraṇā (Pali Pavāraṇā), „die Einladung", „die Aufforderung". Sie fand alle Jahre am Ende der Regenzeit statt, ehe das Wandern wieder begann. Alle Mönche desselben Bezirks kamen zu einer feierlichen Sitzung zusammen, und jeder einzelne bat seine Brüder, ihm anzugeben, ob er irgend eine Schuld gegen ihn begangen habe. Er legte dabei sein Obergewand über eine Schulter, setzte sich auf den Erdboden, streckte die gefalteten Hände aus und sprach dreimal: „Ich fordere, ihr Brüder, die Gemeinde auf: wenn ihr etwas von mir gesehen oder gehört, oder einen Verdacht gegen mich habt, so mögen es die Ehrwürdigen mir aus Mitleid sagen. Wenn ich es einsehe, werde ich es sühnen." Die Pravāraṇā sank später, ebenso wie die Upavasatha-Feier, zu einer bloßen Form herab, da alle Differenzen schon vorher ausgetragen wurden.

Das war alles, was man in alter Zeit Kultus nennen konnte. Schon sehr früh scheint sich aber ein Reliquiendienst und die Verehrung heiliger Stätten herausgebildet zu haben. Im Mahāparinibbānasutta gibt Buddha selbst dem Ānanda vier Stätten an, die für einen gläubigen Mann aus guter Familie sehenswert und herzbewegend seien: der Ort, wo der Buddha

---

[1] Diesen Satz spricht die Gemeinde.

geboren wurde, wo er die Erleuchtung erlangte, wo er zuerst das vorzüglichste Rad des Gesetzes in Bewegung setzte (d. h. wo er zuerst gepredigt hat, S. 28), und wo er ins Parinirvāṇa eingegangen ist. Zu diesen Orten sollen die gläubigen Mönche und Nonnen, Laien und Laienschwestern gehen, und allen, die auf einer solchen Pilgerfahrt reinen Herzens sterben, wird verheißen, daß sie nach Auflösung des Leibes jenseits des Todes im Himmel wiedergeboren werden.

Dasselbe Sutta erzählt, daß nach Buddhas Tode die zum Buddhismus sich bekennenden Könige, Adelsgeschlechter und einzelne Geistliche Boten zu den Mallas schickten und einen Teil seines Körpers als Andenken verlangten. Die Mallas schlugen ihnen aber die Bitte ab, weil der Herr in ihrem Gebiete gestorben sei. Um Streit zu vermeiden, wußte der Brahmane Droṇa die Mallas zu bewegen, die Reliquien Buddhas in acht Teile zu zerlegen und jedem der Bittenden einen Teil zu übergeben. Droṇa selbst bekam den Wasserkrug Buddhas, und die Mauryas von Pipphalivana, deren Bote erst nach der Verteilung ankam, die Kohlen, auf denen Buddha verbrannt worden war. Alle errichteten über ihren Reliquien ein Monument aus Steinen und Erde, einen Stūpa, Pali Thūpa (woher „Tope") und feierten ihnen zu Ehren ein Fest. Ein Stūpa braucht nicht immer Reliquien zu enthalten. Der Hügel allein dient schon zum Andenken an irgend eine Person oder ein Ereignis. Werden in ihn Reliquien gelegt, so heißt dieser Raum im Innern, der sie einschließt, Dhātugarbha, Pali Dhātugabbha, „Reliquienbehälter". Daraus ist im Singhalesischen Dāgaba entstanden, wonach wir von einem Dagobe sprechen. Irrtümlich werden Tope und Dagobe oft einander gleichgesetzt.

Der Reliquiendienst trat später im Buddhismus ganz an die Stelle unseres Gottesdienstes und ist zu üppiger Blüte gelangt. Besonders berühmt ist der Augenzahn Buddhas, über den ein eigenes Werk handelt. Später wurden auch Bilder des Buddha angefertigt, zu denen im nördlichen Buddhismus die der Pratyekabuddhas, Dhyānibuddhas und der verschiedenen Bodhisattvas kamen. Ebenso wurden prachtvolle Tempel erbaut. Im Lamaismus hat man außerdem noch kleinere Kapellen, die oft an der Landstraße oder an Kreuzwegen oder mitten in der Steppe errichtet sind, ferner die Gebetstürme, die aus den Stūpas hervorgegangen sind, von ganz geringer Höhe bis zu über hundert

Fuß, dann die sogenannten Mani, d. h. Mauern oder Steinwände von verschiedener Höhe und Länge, auf denen das heilige Gebet Om mani padme hum (S. 98) eingegraben ist, um die Gläubigen zum Gebet zu veranlassen. Zu Gebeten werden ferner im Lamaismus gebraucht die Gebetsräder oder Gebetszylinder, tonnen- oder zylinderförmige Maschinen, die mit auf Blättern geschriebenen Gebetsformeln vollgestopft sind, die sich um eine Achse drehen. Schon Fa hian erwähnt diese Gebetsräder. Sie sind von verschiedener Größe. Priester und Laien haben kleine, leicht zu handhabende; im Freien werden große aufgestellt, die oft wie Mühlen aussehen und durch Maschinen oder den Wind in Bewegung gesetzt werden. Das Umdrehen des Rades setzt die Gebete in Bewegung, und so kann man ohne Mühe viele Tausende von Gebeten auf einmal abmachen. Denn das Drehen ist ebensoviel wert wie das Hersagen.[1]) Neben den Gebetsrädern werden ferner Gebetsfahnen gebraucht, die ebenfalls die Aufschrift Om mani padme hum tragen und überall angebracht sind, auf Felsen und Bäumen, auf Türmen und Hausdächern, auf hohen Stangen u. dgl. Der Lamaismus hat ferner den Rosenkranz aus dem brahmanischen Śivaismus übernommen. Er enthält 108 Kugeln. An beiden Enden befinden sich noch drei besondere größere Kugeln, von denen die mittelste die größte ist. Sie bezeichnet Buddha, die beiden andern das Gesetz und die Gemeinde, alle drei also die „drei Kleinodien" (S. 77). Diese drei Kugeln halten die eigentlichen Gebetskugeln in ihrer Lage und geben den Betenden an, daß er mit einer Runde fertig ist. Beim Gottesdienst werden ferner im Lamaismus verwendet: Kirchenmusik, Klingeln, brennende Kerzen, Opferschalen, Weihrauch, Weihwasser. Nimmt man dazu

---

[1]) Mehrere vorzügliche Exemplare solcher Gebetsmaschinen besitzt das Museum für Völkerkunde in Berlin. Die Bibliothek der Deutschen Morgenländischen Gesellschaft in Halle besitzt ein für den Handgebrauch bestimmtes Exemplar. Von den dazu gehörigen 12 Blättern mißt jedes in der Höhe 23, in der Länge 67 cm, der Rand oben und unten fast $1^{3}/_{4}$, an den Seiten fast 3 cm. Der übrige Raum enthält 41 Reihen, in deren jeder in Rotdruck und tibetischer Schrift 60 mal das Gebet Om mani padme hum steht. Jedes Blatt enthält also $41 \times 60 = 2460$ Gebete, alle 12 Blätter also $12 \times 2460 = 29\,520$ Gebete, die bei einer einmaligen Umdrehung hergebetet werden. Mit Leichtigkeit lassen sich in einer Minute 120 Umdrehungen machen, also $3\,542\,400$ Gebete hersagen, eine Zahl, die auch den frömmsten Laien befriedigen kann.

den Pomp der Kleidung der Priester, ihre Tonsur, ihr Gebetszepter, die Beichte, die Heiligenbilder, so kann es nicht wundern, wenn dem ersten katholischen Missionar, der einem Gottesdienst der Lamen beiwohnte, Huc, derselbe wie ein „Blendwerk des Teufels" erschien, und daß seine Schilderung desselben sein Werk auf den Index librorum prohibitorum brachte. Ohne Zweifel ist vieles aus dem Lamaismus in die katholische Kirche gewandert, die ja auch Buddha selbst als Josaphat = Bodhisattva unter ihre Heiligen ins Martyrologium Romanum aufgenommen hat.[1]) Auch die Sage vom Priesterkönig Johannes in Asien mag in letzter Linie auf den nördlichen Buddhismus zurückgehen.

Die Zahl der religiösen Feste wurde später noch vermehrt, ist aber in den einzelnen Ländern sehr verschieden. Allen gemeinsam sind drei: das Lampenfest, ursprünglich am Ende der Regenzeit abgehalten und mit großer nächtlicher Illumination, Predigt und Verteilung von Almosen verbunden, das Fest des Frühlingsanfangs und das Fest des Geburtstags Buddhas. Sie werden in den einzelnen buddhistischen Ländern zu verschiedener Zeit und in mannigfacher Weise gefeiert.

Es gibt keine Religion der Erde aus alter Zeit, deren Geschichte schon jetzt so klar vor Augen liegt, und deren Quellen so reichlich fließen, wie den Buddhismus. Er zeigt uns, wie aus einer ursprünglich sehr einfachen, kultuslosen Lehre eine in Formelkram und pfäffischem Schaugepränge aufgehende Kirche entstehen konnte. Buddha ist an der Entartung, die seine Lehre im Norden erfahren hat, nicht schuld. In den alten buddhistischen Texten tritt uns in Buddha ein Mann entgegen, der ein bequemes, üppiges Leben eintauschte gegen ein Leben voll Mühsal und Entbehrungen, und der von der Heimat in die Heimatlosigkeit ging, um die Wahrheit zu suchen. Während seines langen Lebens hat er nur Gutes gewollt und Gutes getan. Ein echter Sohn seines Volkes muß er als Inder beurteilt werden. Und wer dies tut, wird nicht Anstand nehmen, ihn für einen der größten und bedeutendsten Männer zu erklären, die die Weltgeschichte kennt.

---

[1]) Vgl. Ernst Kuhn, Barlaam und Joasaph. München 1894.

Literatur.

Die Literatur über den Buddhismus ist ganz unübersehbar. Das gesamte Gebiet des Buddhismus hat behandelt Isidor Silbernagl, Der Buddhismus nach seiner Entstehung, Fortbildung und Verbreitung. München 1891; 2. Auflage 1903; ein völlig unbrauchbares Buch. Für weitere Kreise hat in knappster Form dasselbe versucht H. Hackmann, Der Ursprung des Buddhismus und die Geschichte seiner Ausbreitung (Religionsgeschichtliche Volksbücher für die deutsche christliche Gegenwart). 3 Teile. Halle a. S. 1905. 1906. Sonst hat ein größeres Gebiet nur noch behandelt: Friedrich Köppen, Die Religion des Buddha. 2 Bände. Berlin 1857. 1859. Der 2. Band behandelt die lamaische Hierarchie und Kirche. Köppens geistreiches und fesselndes Buch ist im ersten Bande jetzt zwar in vielen Einzelheiten veraltet, aber immer noch lesenswert und verdienstlich, im zweiten Bande noch unübertroffen. Ein anastatischer Neudruck erschien Berlin 1905. Den Buddhismus in Indien in seiner Entwickelung behandelt Heinrich Kern, Der Buddhismus und seine Geschichte in Indien. Vom Verfasser autorisierte Übersetzung von Hermann Jacobi. 2 Bände. Leipzig 1882. 1884. In kürzerer Bearbeitung: Manual of Indian Buddhism. Straßburg 1896 (= Grundriß der indo-arischen Philologie und Altertumskunde. III. Band, 8. Heft).

Für den südlichen Buddhismus waren von großer Bedeutung die auf singhalesischen Werken beruhenden Arbeiten von R. Spence Hardy, A Manual of Budhism und Eastern Monachism. London 1860. Sie sind noch heute dem Spezialforscher unentbehrlich. Auf Grund der Pali-Quellen behandelte zuerst den Buddhismus wissenschaftlich T. W. Rhys Davids, Buddhism. London 1877. Nach der 17. Auflage wurde das Buch ins Deutsche übersetzt von Arthur Pfungst, Der Buddhismus. Leipzig, Reclam (1899). Das Buch berührt auch den nördlichen Buddhismus. Von Rhys Davids ist auch zu nennen: Buddhism, its History and Literature. New York 1896. Am bekanntesten ist das Buch von Hermann Oldenberg, Buddha. Sein Leben, seine Lehre, seine Gemeinde. Berlin 1881; 4. Auflage, Stuttgart und Berlin 1903. Das Buch behandelt nur die älteste Zeit des Buddhismus, ausschließlich nach südlichen Quellen. Etwas weiter als Oldenberg führt die Geschichte des Buddhismus Edmund Hardy, Der Buddhismus nach älteren Pali-Werken dargestellt. Münster i. W. 1890, eine selbständige Quellenarbeit. Eine Schilderung der Persönlichkeit Buddhas, seiner geschichtlichen Erscheinung und seiner Stellung zu den Zeitfragen hat Hardy gegeben in dem kleinen Buche: Buddha. Leipzig 1903 (Sammlung Göschen). Eine katholische Tendenzschrift ist das Buch von Josef Dahlmann, Buddha. Ein Kulturbild des Ostens. Berlin 1898. Sehr verdienstlich ist die Arbeit von Henry Clarke Warren, Buddhism in Translations. Cambridge, Mass. 1896.

Für den nördlichen Buddhismus hat die Bahn gebrochen Eugène Burnouf, Introduction à l'histoire du Buddhisme Indien. Paris 1844; 2. Auflage, Paris 1876 (Neuabdruck). Grundlegend war ferner das Buch von W. Wassiljew, Der Buddhismus, seine Dogmen, Geschichte und Literatur. 1. Teil: Allgemeine Übersicht. Aus dem Russischen übersetzt. St. Petersburg 1860. Ferner sind zu nennen: J. Minayeff, Recherches sur le Bouddhisme (1887), traduction française par M. Assier de Pompignan. Paris 1894, und Louis de la Vallée Poussin, Bouddhisme. Études et matériaux. London 1898. Die Kenntnis des Lamaismus fördern die reich mit Abbildungen versehenen Werke von L. Austine Waddell, The Buddhism of Tibet or Lamaism. London 1895 und Albert Grünwedel, Mythologie des Buddhismus in Tibet und der Mongolei. Leipzig 1900.

Für das Verständnis der Philosophie des Buddhismus sind wichtig: Richard Garbe, Die Sāmkhya-Philosophie. Leipzig 1894, und Sāmkhya und Yoga. Straßburg 1896 (= Grundriß der indo-arischen Philologie und Altertumskunde. III. Band, 4. Heft). Ferner Mrs. Rhys Davids, Buddhist Manual of Psychological Ethics. London 1900, und Max Walleser, Die philosophische Grundlage des älteren Buddhismus. Heidelberg 1904.

Über buddhistische Einflüsse auf neutestamentliche Schriften vergleiche man Rudolf Seydel, Das Evangelium Jesu in seinen Verhältnissen zur Buddha-Sage und Buddha-Lehre. Leipzig 1882, und Die Buddha-Legende und das Leben Jesu nach den Evangelien. Leipzig 1884; 2. Auflage 1897; G. A. van den Bergh van Eysinga, Indische Einflüsse auf evangelische Erzählungen. Göttingen 1904.

Zur Kenntnis der Zeitverhältnisse beachte man: Richard Fick, Die soziale Gliederung im nordöstlichen Indien zu Buddhas Zeit. Kiel 1897. T. W. Rhys Davids, Buddhist India. London 1903. Über Aśoka Priyadarśin handeln: Vincent A. Smith, Asoka, the Buddhist Emperor of India. Oxford 1901 (Rulers of India), und Edmund Hardy, König Asoka. Mainz 1902 (Weltgeschichte in Charakterbildern). Im allgemeinen ist zu nennen: Vincent A. Smith, The Early History of India from 600 B. C. to the Muhammadan Conquest. Oxford 1904.

Druck von Theodor Hofmann in Gera.

www.ingramcontent.com/pod-product-compliance
Lightning Source LLC
Chambersburg PA
CBHW020936230426
43666CB00008B/1697